U0501514

曲靖法治建设评估报告.
2017年

曲靖师范学院

中共曲靖市委依法治市领导小组办公室　　编著

电子科技大学出版社
University of Electronic Science and Technology of China Press

图书在版编目（CIP）数据

曲靖法治建设评估报告. 2017 / 龙明礼主编. -- 成
都：电子科技大学出版社，2018.3
ISBN 978-7-5647-5930-8

Ⅰ.①曲… Ⅱ.①龙… Ⅲ.①社会主义法制–建设–
研究报告–曲靖–2017 Ⅳ.①D927.743

中国版本图书馆CIP数据核字(2018)第053632号

曲靖法治建设评估报告.2017

龙明礼　主编

策划编辑　李述娜　李　倩
责任编辑　李述娜　李　倩

出版发行　电子科技大学出版社
　　　　　成都市一环路东一段159号电子信息产业大厦九楼　邮编　610051
主　　页　www.uestcp.com.cn
服务电话　028-83203399
邮购电话　028-83201495

印　　刷　三河市华晨印务有限公司
成品尺寸　170mm×240mm
印　　张　12.75
字　　数　185千字
版　　次　2018年3月第一版
印　　次　2018年3月第一次印刷
书　　号　ISBN 978-7-5647-5930-8
定　　价　45.00元

曲靖法治建设评估报告编撰委员会

策　　　　划：吴朝武　董云昌　聂　涛　苏永宁

编 委 会 主 任：吴朝武

编委会副主任：杨学智　张　伦　荀建所　许泰权

　　　　　　　杨洪春　余　波　曾建明

主　　　　编：张　伦

副　主　　编：龙明礼　赵庆鸣

撰　　　　稿：龙明礼　赵庆鸣　袁琴武　卢　燕

　　　　　　　徐淑娴　刘　丹　李克艳　魏建功

序

吴朝武

　　曲靖市第一部法治蓝皮书——《2017年曲靖法治建设评估报告》正式出版了，这是贯彻落实党的十九大精神，深化依法治国实践的一项重要举措！这是我市法治建设史上的一件大事，也是全市人民社会政治生活中的一件大事！

　　党的十八大以来，全面依法治国实现了历史性突破，法治已经成为治理体系的关键一环，各领域各环节的改革进程都在法治轨道上有序推进。曲靖市委高度重视，认真贯彻落实中央精神和省委要求，不断加强党对全面推进依法治市工作的领导，依法执政能力明显提升，地方立法工作起步良好，依法行政及法治政府建设稳步推进，司法体制改革深入落实，法治宣传教育和法治文化建设有效开展，社会治理法治化水平逐步提高，为曲靖全面建成小康社会走在全省前列创造了安全稳定的社会环境、公正规范的法治环境和优质高效的服务环境。

　　建立科学的法治指标体系，是法治建设和社会管理科学化、精细化的必然要求，是实现国家治理体系和治理能力现代化的有效途径。市委依法治市领导小组办公室委托曲靖师范学院法律与公共管理学院对曲靖的法治建设现状进行评估，旨在通过法治量化评估，用科学建构的数据体系检测、衡量、反映曲靖法治发展现状，提高对曲靖法治现状建设成就和发展规律认识的科学性和准确性，从而避免凭印象做评价、凭表象做结论、凭直觉做决策的粗放分析与轻率实践。曲靖法治建设评估指标体系设置了依法执政、地方立法、依法行政、公正司法、全民守法、社会治理法治化、组织保障8项一级指标，下设34项二级指标、66项三级指标和157个具体观测点，指标化、数据化、动态化地呈现了曲靖法治建设的基本面貌，全景式地展现了我市法治建设的伟大实践和巨大成就，反映了曲靖法治建设取得的巨大进步，从理论和实践的结合上分析了曲靖法治建设存在的困难和问题，阐明了前进的路径、方法和方向。

《2017年曲靖法治建设评估报告》首次对曲靖法治建设进行全面评估，不仅是法治建设实践的真实反映，更是增强法治观念，强化法治思维的有力推手。书中以综合报告和专项工作报告的形式，全面反映了依法执政、地方立法、依法行政、公正司法、法治文化、法治宣传教育中取得的具体成果，更从社会治理法治化和公民法治意识的角度，反映出了日益浓厚的法治环境和氛围，以可靠的事实和数据强化着一个信念，那就是"科学立法、严格执法、公正司法、全民守法"。

党的十九大报告把"坚持全面依法治国"作为新时代坚持和发展中国特色社会主义基本方略的重要构成，提出"坚持依法治国、依法执政、依法行政共同推进，坚持法治国家、法治政府、法治社会一体建设"，而《2017年曲靖法治建设评估报告》的编撰就是贯彻落实党的十九大精神的一个具体而有价值的法治实践，其意义不仅在于记录事实、展现成果，更在于澄清认识、理清思路、发现问题、补齐短板、把握规律、探索方法、凝聚人心、推进工作。希望《2017年曲靖法治建设评估报告》蓝皮书的发布，能为曲靖的法治建设实践和法学研究发挥积极影响。

新时代、新气象、新作为，党的十九大吹响了在更高起点上推进全面依法治国的号角，让我们在以习近平同志为核心的党中央坚强领导下，坚定不移走中国特色社会主义法治道路，深化依法治国实践，全面推进依法治市，加快法治曲靖建设进程，为曲靖全面建成小康社会提供坚实的法治保障！

目 录

导　论

第一节　法治评估的依据及指标设计

一、法治评估的依据

党的十五大提出："依法治国，是党领导人民治理国家的基本方略。"九届全国人大二次会议通过的宪法修正案规定："中华人民共和国实行依法治国，建设社会主义法治国家"，从而使依法治国基本方略得到国家根本大法的保障。2013 年，党的十八届三中全会提出："建立科学的法制建设指标体系和考核标准。"2014 年党的十八届四中全会通过的《中共中央关于全面推进依法治国若干重大问题的决定》，对法治建设从"坚持走中国特色社会主义法治道路，建设中国特色社会主义法治体系""完善以宪法为核心的中国特色社会主义法律体系，加强宪法实施""深入推进依法行政，加快建设法治政府""保证公正司法，提高司法公信力""增强全民法治观念，推进法治社会建设""加强法治工作队伍建设""加强和改进党对全面推进依法治国的领导"七个方面作出了重要决定；这一决定是以"坚持走中国特色社会主义法治道路，建设中国特色社会主义法治体系"为引领，明确了全面推进依法治国的总目标和必须坚持的原则，明确了全面推进依法治国的方向和重要内容，是进行曲靖法治建设评估的基础性依据。

作为全面推进法治建设的重要文件，国务院《关于全面推进依法行政的决定》（国发 [1999]23 号）、国务院《全面推进依法行政实施纲要》（国发〔2004〕10 号）、国务院《关于加强法治政府建设的意见》（国发〔2010〕33号）、中共中央、国务院《法治政府建设实施纲要（2015—2020年）》（中发〔2015〕36号）、中共中央办公厅、国务院办公厅《关于进一步把社会主义核心价值观融入法治建设的指导意见》、中共中央办公厅、国务院办公厅《党政主要负责人履行推进法治建设第一责任人职责规定》、中共中央办公厅、国务院办公厅《关于推行法律顾问制度和公职律师公司律师制度的意见》（中办发〔2016〕30号）等文件，在剔除已经不适应需要的内容或者与后发文件、上位文件矛盾的内容之后，其余部分是进行曲靖法治建设评估的重要依据。

二、评估指标

本次评估是项目组第一次尝试对曲靖市法治建设进行全面评估。为了让评估能够紧密围绕曲靖市党委、政府中心工作的需要进行，项目组参考了中共云南省委《关于贯彻落实〈中共中央关于全面推进依法治国若干重大问题的决定〉的意见》、2015年度云南省《依法治省工作检查考评细则（州市）》、中共曲靖市委关于贯彻落实《中共云南省委关于贯彻落实〈中共中央关于全面推进依法治国若干重大问题的决定〉的意见》的实施意见、《法治曲靖建设指标体系（试行）》等文件，拟定了《曲靖市法治建设评估指标体系》（以下简称《评估指标体系》）。《评估指标体系》坚持主观评价与客观评价相结合，共设置了8项一级指标，34项二级指标，66项三级指标，157个具体的观测点。

在一级指标中，反映客观评价的有7项，分别是"依法执政""地方立法""依法行政""公正司法""全民守法""社会治理法治化""组织保障"；其中在一级指标"全民守法"项下设置了一个反映主观评价的三级指标"公民法治意识测评"，设置了20个问题，通过问卷调查的方式进行评估。反映主观评价的一级指标1项，即"人民群众对法治建设的满意率"，设置了20个问题，通过问卷调查的方式进行评估。

三、评分标准

本次评估的评分标准根据具体的三级指标和观测点确定。主要分为五种情况：第一，考察"是否建立某项机制""是否开展某项工作"为评分依据的，直接根据实地调研和网络检索的结果进行评分。第二，考察制度、机制、工作完成的"程度""比例""率"的，根据实地调研和网络检索的结果分层次评分。第三，为了考察曲靖市在云南省法治建设中所处的地位，部分指标需要参考云南省的平均水平进行评分。第四，以项目组成员以及访谈中受访者提供的执法体验或者专业意见进行评分。第五，考察"公民法治意识"和"人民群众对法治建设的满意率"的，以测评得分乘以具体权重得出最终得分。

第二节　评估对象和过程

一、评估对象

本次评估是对曲靖市法治建设水平的整体评价，评估的对象按照职权划分，主要包括四个部分：一是曲靖市委及市委各部委和有关党群部门，（重点是纪委、组织部、宣传部、政法委等部门，部分观测点涉及到县、市、区党委）；二是曲靖市政府及其职能部门，（包括所有职能部门，重点是国土资源、住建、人社、食药、工商、质监等重点执法部门）❶；三是政法部门，即曲靖市中级人民法院、曲靖市人民检察院和公安、司法行政部门（数据来源包括全市法院、检察院和公安、司法行政部门，部分观测点涉及到县、市、区人民法院和检察院）；四是曲靖市下辖的部分乡镇、街道和社区。

根据三级指标的不同，项目组在具体测评对象的选择上，有的

❶ 部分观测点涉及县、市、区政府。

以市级机关为观测对象，如一级指标"依法执政"之下的三级指标"党委领导和支持科学立法、依法行政、公正司法的工作制度建立情况""党委作出重大决策和出台重要政策合法性审查情况"，以曲靖市委为测评对象；一级指标"地方立法"以曲靖市人大、人大常委会、曲靖市政府为测评对象。有的以市级职能部门为测评对象，如一级指标"依法行政"项下三级指标"行政权力清单、负面清单、责任清单公布及动态调整情况""重点执法部门制定并细化、量化行政执法裁量标准情况"。有的是从整体角度进行测评，包含了不同层级的机关及部门，如一级指标"公正司法"项下三级指标"是否有刑讯逼供、体罚虐待行为""一审服判息诉率"。有的则主要以基层为评估对象，如一级指标"社会治理法治化"项下三级指标"村(居)民会议或代表大会制度情况""平安和谐村(社区)、平安和谐乡镇(街道)活动和行业平安创建活动开展情况。"

考虑到测评中主客观性的不同因素对测评结果的影响，为确保科学性和可靠性，对于部分测评指标，项目组采用主客观两个层面相结合的测评方式，主观部分，一是对国家工作人员以及普通市民、村民就"法治建设满意度""公民法律意识"进行问卷测评；二是对公务员、法官、检察官、企事业单位工作人员、律师、普通市民、农民进行访谈获取相应资料。在对比研究两种测评结果的基础上，得出较为科学的分析结果。

二、评估过程

本次评估从 2017 年 4 - 10 月，历时半年。整个评估过程可以分为三个阶段。

第一阶段，2017 年 4 - 5 月，完成《评估方案》《调查问卷》

拟定《曲靖市法治建设评估指标体系》。确定一级指标、二级指标、三级指标，设定具体观测点。

1. 拟定《曲靖市法治建设评估指标体系》。

2. 拟定调查问卷 2 份，分别是《法治建设满意度调查问卷》《公民法律意识调查问卷》。

第二阶段，2017 年 6 - 8 月初，检索资料、调研、调查、采集数据。

为了增强评估数据的客观性和全面性，项目组特别注重信息和资料获取途径和来源的多样性，采取以下三种方式收集具体的信息和资料。

1. 网络检索

项目组检索了"曲靖党务公开网""曲靖党建网""曲靖长安网""曲靖文明网""曲靖市政府网""曲靖市政府法制网""曲靖是人民代表大会常务委员会网""曲靖政协网""曲靖机构编制网""曲靖市中级人民法院（官网）""曲靖市人民检察院（官网）"以及 20 多个职能部门的官方网站、信息公开网站、微信、微博；对于无法在官网上直接获取的信息，项目组还采用百度等检索平台进行关键词检索等间接方式进行检索。关键词的选择尽量宽泛，以免遗漏相关信息。

2. 通过市委依法治市办公室获取资料

通过市委依法治市办公室（以下简称市委依法治市办）获取书面资料和电子资料，主要包括《法治曲靖建设指标体系（试行）》、关于印发《市级有关部门贯彻实施〈中共曲靖市委关于贯彻落实〈中共云南省委关于贯彻落实〈中共中央关于全面推进依法治国若干重大问题的决定〉的意见〉的实施意见〉主要任务分工方案》的通知、中共曲靖市委依法治市领导小组关于印发《中共曲靖市委依法治市领导小组成员单位工作职责》的通知、中共曲靖市委依法治市领导小组关于印发《曲靖市 2017 年依法治市工作要点》的通知等政策性文件。

3. 实地调研

（1）项目组委派调研员到被评估的重点部门开展实地调研。项目组对曲靖市人大常委会、政协曲靖市委员会、市委组织部、市委宣传部、市委政法委员会、市政府法制办、市司法局、曲靖市中级人民法、曲靖市人民检察院进行了实地调研。

（2）访谈调查。项目组通过对公务员、法官、检察官、企事业单位工作人员、律师、普通市民、农民进行访谈，获取了大量资料，作为本次评估的参考资料。

（3）问卷调查。项目组采用问卷方式进行社会公众法治意识和法治建设满意度调查，根据对象分为两组：第一组调查对象为党委、政府和职能部门工作人员，覆盖了市直各部门及县市区，由市委依法治市办在督查调研中进行；第二组调查对象为普通市民、农民，覆盖曲靖所有县市区以及经济技术开发区，具体包括麒麟区（越州镇、三宝镇）、经开区（翠峰街道）、富源县（十八连山乡、后所镇）、沾益区（西平街道、大坡乡）、罗平县（富乐镇、钟山乡）、陆良县三岔河镇、宣威市（文兴乡、龙场镇）、会泽县（火红乡、古城街道）、马龙县（通泉镇、月望乡）、师宗县彩云镇，由项目组成员带领部分学生完成，调查统计结果作为相关指标评测的依据。

4. 材料、数据整理和分析

对通过网络、各单位、各部门获得的材料以及问卷调查、访谈调查获取的材料进行整理、统计、分析，以作为评分依据。

第三阶段：2017 年 8 - 10 月，统一评分，撰写评估报告

为了提高项目组评分的公平性，项目组以一级指标为单位划分为七个评估小组，根据不同的三级指标确定评分标准，由一个人负责一个一级指标项下所有三级指标的评分，以确保评分标准的一致性。根据综合评分结果，形成评估总报告，即法治曲靖建设评估总报告。结合曲靖依法治市专项工作情况，对一级指标评分，分别形成 6 个专项工作报告、社会治理法治化评估报告和公民法治意识与人民群众法治满意率评估报告。

第一部分　综合评估报告

第一章　法治曲靖建设评估报告

党的十八届四中全会以来，曲靖的依法治市工作在市委的领导下，各级各部门按照中央和省、市委的部署要求，认真贯彻党的十八届四中全会、省委九届九次全会、市委四届五次全会精神和习近平总书记系列重要讲话精神，立足曲靖实际，全面推进依法治市进程，以宪法为核心的法律法规得到广泛宣传，公民的宪法观念和法治意识不断增强，各级党委依法决策、政府依法行政的水平显著提高，政法机关公正司法的形象得到彰显，社会治理法治化水平逐步提高，多个县（市、区）被表彰为全国、全省法治创建先进县（市、区），为全市经济社会转型跨越发展，创造了良好的法治环境和法治秩序。

项目组围绕依法执政、地方立法、依法行政、公正司法、全民守法、社会治理法治化、组织保障、法治建设满意度等八个指标，对曲靖市全面推进依法治市的工作情况进行了调查和评估，量化评分结果如下表：

一级指标	依法执政	地方立法	依法行政	公正司法	全民守法	社会治理法治化	组织保障	法治建设满意度
总分	12	8	25	20	15	10	5	5
得分	10.4	6.2	17.5	14.1	10.06	6.5	4.1	3.35
得分率	86.7%	77.5%	70 %	70.5%	67.1%	65%	82%	67%
合计	72.21 分							

评分结果显示，中共曲靖市委四届五次全会以来，曲靖市法治建设成效明显，八项指标总得分率为 72.21%，特别是在全面依法治市

的组织保障、依法执政方面及地方立法三个方面，得分率分别达到了82%、86.7%和77.5%，均高于72.21%的总得分率。●

第一节　法治曲靖建设取得的主要成效

一、党对全面推进依法治市工作的领导不断加强

十八届四中全会强调，党的领导是全面推进依法治国、加快建设社会主义法治国家最根本的保证。曲靖市委认真贯彻落实中央精神和省委要求，不断改进和完善党对全面推进依法治市的领导，充分发挥了党委总揽全局、协调各方的领导核心作用，依法执政能力明显提升。

1. 依法治市工作制度机制健全完善

一是完善了工作机制。设立了市委依法治市领导小组，下设办公室和依法执政、地方立法、依法行政、公正司法、法治文化、法治宣传教育六个专项组，成立依法治市工作联络员队伍，突出市委在依法治市工作中的领导核心作用；建立市级领导干部依法治市联系示范点；明确了市委依法治市领导小组62个成员单位的工作职责。

二是建立健全目标责任制等系列制度，为推进依法治市工作提供了可靠保障。

2. 依法决策制度化规范化建设全面推进

一是推进建立了规范化决策机制。制定了《中共曲靖市委权力公开透明运行程序的规定（试行）》《中共曲靖市委重大事项决策咨询

● 评分结果存在因评估内容、评估重点的差异而导致评估结果出现偏差的因素，但项目组认为，评估的目的是为全面推进法治建设提供参考，因此既要承认和巩固法治曲靖建设取得的成果，也要正视法治曲靖建设存在的问题和短处，积极探索完善的对策和建议，才能不断提高曲靖法治建设的水平，为曲靖经济社会发展提供法治保障。

制度（试行）》等文件，党委依法决策、科学决策、民主决策的过程、环节及事项等进一步规范化、制度化、程序化。

二是推进形成了决策监督检查机制。制定了《中共曲靖市委重大事项决策听证制度（试行）》《中共曲靖市委重要情况通报制度（试行）》《中共曲靖市委"三重一大"事项决策实施办法》，市委讨论决定重要事项的规范程序和监督检查的内容得到完善。

3. 干部队伍法治化建设措施得力有效

一是强化教育，提高了干部法治素养。建立了领导干部任前法律知识考试制度和学法用法工作机制，将法律知识作为领导干部任职资格考试的重要内容，作为提拔使用干部的重要资格条件。

二是从严监督，依纪依法管理干部。全面实施领导干部"述职、述廉、述法、述学"四位一体的考核体系。

三是科学考核，突出法治化用人导向。在领导班子选配中优先提拔使用法治素养好、依法办事能力强的干部。

4. 党风廉政建设和反腐败工作法治化水平不断提升

一是制定完善了党风廉政建设和反腐败工作相关制度，做到制度健全、责任细化，坚持用法治思维推进党风廉政建设和反腐败工作。

二是加强组织领导，充实配齐了党风廉政建设和反腐败工作相关的四个领导小组，推动各级党委（党组）切实加强对法规制度执行情况的监督检查，加大对违反法规制度行为的调查处理力度。

三是严格考核，落实党风廉政建设责任制。坚持对党风廉政建设责任制考核基本合格和不合格单位（个人）进行诫勉谈话、限期整改和责任追究，保持反腐败高压态势。

5. 党委政法委的工作职能进一步明晰并有效发挥

一是坚持"把握政治方向、协调各方职能、统筹政法工作、建设政法队伍、督促依法履职、创造公正司法环境"的职能定位，推动依法治市各项工作落实，建设法治曲靖。

二是坚持用法治思维和法治方式领导政法工作，支持和保障审判机关、检察机关、侦查机关依法独立公正行使审判权、检察权和侦查权，有效维护了公正司法和公平正义。

6.党委依法支持人大、政协发挥职能作用

一是建立健全了市委领导人大工作的制度和机制。保障工作经费，改善办公条件和环境，支持市人大及其常委会依法履行各项职责，切实发挥作用。

二是基层人大工作得到加强，完善了代表选举制度，优化了代表结构。

三是党对政党协商的领导进一步加强。政党协商的性质、内容、形式、程序、意见的办理反馈、保障机制等七个方面的内容具体明确，并得到有效保障。四是党委组织与各民主党派协商的制度、市级各民主党直接向市委提出意见建议的机制健全。

二、地方立法工作起步良好

取得地方立法权以来❶，曲靖市不断推进科学立法、民主立法，地方立法工作起步良好。

一是启动了相关机制。2017年4月18日，《曲靖市人民代表大会及其常务委员会立法条例》公布实施，明确规定了曲靖地方立法的事项、程序，地方性法规立、改、废的机制已经基本健全。

二是曲靖市人大常委会"立法咨询专家库""基层立法联系点"等工作制度和管理办法已经建立，为开展地方性法规的制定奠定了良好基础。

三是市人大常委会启动了《曲靖市建设工程施工现场管理条例》的立法工作，市人民政府启动了《曲靖市人民政府立法程序规定》《会泽黑颈鹤国家级自然保护区管理办法》等政府规章的立法工作。

---

❶ 根据《云南省人民代表大会常务委员会关于确定昭通等七州市人民代表大会及其常务委员会开始制定地方性法规时间的决定》，曲靖市2016年3月1日开始行使地方立法权。

三、依法行政及法治政府建设稳步推进

曲靖市围绕"职能科学、权责法定、执法严明、公开公正、廉洁高效、守法诚信"的总目标，扎实推进依法行政和法治政府建设，为地方经济社会发展提供了强有力的法治支撑。

1. 法治政府建设迈出坚实步伐

一是明确了法治政府建设方案。制定了《曲靖市人民政府关于深入推进依法行政加快推进建设法治政府的实施意见》《曲靖市法治政府建设规划暨实施方案（2016—2020年）》等指导性意见。

二是建立了政府依法履行职能相关机制。完善了重大行政决策程序、事中事后监管、文化市场综合行政执法等工作方案及落实行政执法案卷评查、依法行政自检自查等制度。

2. 有效推动政府职能转变

一是明职责，晒清单。按照"法定职责必须为""法无授权不可为"的原则要求，发布《曲靖市人民政府行政审批制度改革办公室关于公布市发改委等42个政府部门权力清单和责任清单的公告》，厘清了政府部门权力边界；按照"法无禁止即可为"的原则要求，公布《关于全市企业投资项目实行负面清单管理的意见》，明晰了企业投资的界限和领域。

二是抓精简，提效能。大力精简行政审批事项，调整、废置行政审批项目和社会服务事项，建立了政府向社会购买服务的机制，政府职能进一步明晰。

3. 行政执法改革有序推进

一是行政处罚权改革有实效。从源头治理多头执法、重复执法、执法效率低下等问题，使"看得见的管不着，管得着的看不见"问题得到有效解决。❶

---

❶ 陆良县被列为全省129个县（市、区）中唯一城市管理综合行政执法体制改的县级试点县。

二是执法资源进一步优化。市、县两级有序开展行政执法与刑事司法衔接工作，建立了"两法衔接"信息平台，提高了执法效能。

4. 政务公开力度进一步加大

一是加强了政务公开平台建设。充分利用曲靖市政府网、曲靖市政府法制网及各职能部门门户网，及时公布政府政务。

二是公共支出、基本建设支出、行政经费支出的预算和执行情况、政府性基金收支预算和中央国有资本经营预算等重要事项的情况公开透明。

5. 行政权力的运行得到有效制约和监督

2016年，曲靖市政府办结157件人大代表议案、建议，320件政协提案，办理面商率、答复率、满意率为100%，表明曲靖市人民政府依法自觉接受人大法律监督、工作监督以及政协民主监督。副市长在行政诉讼中作为负责人出庭应诉，对提高行政机关负责人的法治意识和应诉能力，加强法治政府建设，具有重要意义，也是行政机关自觉接受司法监督的重要体现。

四、司法体制改革向公正高效迈进

曲靖市司法机关认真落实云南省关于司法体制和工作机制改革的各项部署，努力向公正高效权威的目标迈进。

1. 司法体制和工作机制改革起步良好

一是"两院"健全完善了司法人员分类管理、司法责任制、司法人员职业保障等制度，入额必办案的原则得到较好的执行，法官、检察官队伍专业化、职业化水平得到提升，职业荣誉感和工作积极性进一步提高。

二是跨区域行政案件集中管辖的试点工作开展顺利，麒麟区人民法院和沾益区人民法院两个基层法院被确定为曲靖市所有行政诉讼案件的管辖法院。

2.党委政法委组织协调作用明显

一是舆情整理与分析及时有效。将市中级人民法院、市人民检察院、市公安局、市司法局纳入综合考核范畴，每个季度印发全市政法工作主要业务数据简析，为工作提供参考。

二是组织协调能力增强。在重大案件的侦查、检察、审判过程中组织开展部门协调，帮助公检法解决具体工作中的困难，有效实现对公正司法的监督。

3.法律监督机制健全完善

一是检察机关监督职能充分发挥。三年来，检察机关监督侦查机关立案 316 件、撤案 112 件，书面监督纠正侦查活动违法情形 722 件次；纠正漏捕 255 人，纠正漏诉 221 人；对审查认为确有错误的刑事裁判提出抗诉 64 件；纠正减刑、假释、暂予监外执行不当 58 件，纠正刑罚执行和监管活动中的违法情形 626 件次。

二是社会化监督渠道进一步拓宽。通过设立联系电话、电子信箱、对外联络信箱、裁判文书网、网上直播开庭、微博、微信公众号、阳光司法等方式广泛接受社会监督。

4.审判质量明显提高 ❶

统计显示，2016 年，曲靖市基层法院一审审结案件 37610 件，中级法院一审案件 11995 件，基层法院一审判决的服判息诉率为 93.58%。二审审结案件数为 2415 件，二审改判、发回重审率 6.42%。上述数据充分证明：曲靖市两级法院案件审理质量明显提高。

5.社区矫正工作达到较高水平

社区矫正工作是否实现制度化、规范化，是社区服刑人员是否能够更好的融入社会的重要前提，也是刑罚执行严格规范的要求。2016 年，全市安置 4 528 人，安置率为 97.81%，帮教 4 486 人，帮教率为 96.91%。

---

❶ 评价案件办理质量的主要标志，是当事人的认同度以及二审改判、发回重审的比例，把评价的范畴限定在曲靖市，具体参考的标准为一审判决息诉率和二审改判、发回重审率。

6.破解执行难问题初见成效

建立了"党委领导、政府支持、法院主办、各界参与"的"四位一体"的执行联动机制，法院执行部门分别与公安、工商、民政、税务、国土、银行和其他金融机构等19个部门建立联动机制，有效破解了一批执行难问题。2016年，全市法院受理执行案件13310件，执结11148件，执结标的额55.97亿元，执结比例高达83.76%。

五、法治宣传教育规划科学

一是机制完善，目标任务明确。市委成立"中共曲靖市委法治宣传教育暨普法工作领导小组"，全面负责领导全市的法治宣传教育工作，发布《曲靖市"谁主管谁普法谁执法谁普法"责任制实施办法》，对普法责任主体和主要职责、具体工作、基本要求作出明确规定，并与各单位签订了目标责任书。

二是规划科学，措施具体。起草了《关于在全市公民中开展法治宣传教育的第七个五年规划》和《关于落实曲靖市法治宣传教育第七个五年规划任务分工方案》，对法制宣传教育作出规划。

六、法治文化建设覆盖面广

一是法治文化设施基本做到全覆盖。城市广场户外 LED 显示屏以及汽车站、火车站等场所的 LED 显示屏，各单位、村镇、社区建设法治文化宣传栏、文化墙、文化长廊等成为法治文化的重要载体。

二是法治沟通渠道贴近百姓生活。开办《法治曲靖》电视栏目、《法治之声》广播栏目，"曲靖长安网"等搭建了百姓与司法机关互动渠道，推动法治走进百姓生活。

七、社会治理法治化能力和水平进一步提高

一是健全了网格化综治平台。实现了网格、派出所、司法所、专业矛盾调处机构以及市县两级综治成员单位的互联互通。

二是社会矛盾预防化解机制健全。建立"大调解"工作体系，完

善"五级联动、三调衔接"的大调解格局，巩固"以案定补""以奖代补""无案奖励"机制，最大限度将矛盾化解在基层。

三是建立和完善了"以证管人、以房管人、以业管人、以网管人"流动人口服务管理模式。

四是对重点人群和人员的教育管理得到加强。预防青少年违法犯罪工作机制、落实流浪乞讨儿童救助机制不断完善，刑满释放人员、社区服刑人员易肇事肇祸精神障碍患者、艾滋病病毒感染者及病人、吸毒人员的排查、治疗、矫治力度进一步加强。

第二节　法治曲靖建设存在的主要问题

一、依法执政能力建设存在薄弱环节

1. 组织领导及保障机制有缺漏

一是理念层面，对法治建设及其实施的重要性认识不足。部分县（市、区）、市属单位领导班子对推进法治工作不重视，没有及时明确分管领导，存在不积极作为情况。

二是法治建设短期目标不具体，法治工作考核量化粗略，细化不够。

三是经费保障存在不足。2016年，曲靖市市级依法治市经费财政经费合计150万。

四是考核、督查工作过于集中在制度建设上，触及到实效问题不足，监督效能没有充分发挥。

2. 党务公开有规定，但落实不够规范

一是对党内规范性文件清理的信息公开不及时。

二是党委作出重大决策和出台重要政策合法性审查中需要进行的"决策咨询"或"听证"等合法性审查项目的信息、以及市委决策评估的落实情况还没有公开。

三是在已经公开的部分，存在内容更新迟延，重要党务信息公布不显著的问题。

3. 责任追究机制实效性不强

一是责任考核评价机制缺乏科学性，考核指标大同小异，缺乏针对性，考核方式上重形式、轻内容。

二是考核结果与干部的提拔任用、责任追究挂钩上有差距。

二、地方立法进程需要加快

一是截止评估完成之日，《曲靖市人民政府立法程序规定》尚未通过实施，成为限制曲靖市政府立法的瓶颈。

二是群众参与度不高，在《曲靖市人民代表大会及其常务委员会立法条例》制定过程中，曲靖市人大常委会仅收到意见建议 50 余条，《曲靖市人民政府立法程序规定（草案）》《云南会泽黑颈鹤国家级自然保护区管理办法（草案）》征求意见中则没有收到意见建议。

三、法治政府建设还存在短板

1. 政府依法决策机制没有完全落实

一是重大决策向社会公开征求意见不广泛、开展专家咨询论证不充分、政府法制机构合法性审查情况不理想。

二是重大决策责任终身负责制、重大决策评估论证、跟踪反馈及责任倒查制度未建立。❶

2. 政务公开及服务不规范

一是存在重形式轻内容现象，有的公开内容不全面、程序不规范，有的不能妥善处理信息公开与保守秘密的关系，政府信息共享机制不够健全。

---

❶ 问卷调查结果显示，曲靖市国家工作人员对政府决策机制的落实情况满意度并不高，在"法治建设满意度"问卷第 6 小题"您对我市政府机关在进行决策时是否依法按程序决策和是否科学决策的评价怎样"中，市委依法治市办调查的得分率仅为 42%。

二是政务服务体系建设不够完善，运行缺乏明确规范，公开办理的行政审批和服务事项不能满足群众需求等。

3. 执法水平需要进一步提升

通过查看行政执法案卷评查结果❶，结合调查和访谈的情况，项目组认为，曲靖市目前在行政执法上还存在三个主要问题：

一是在程序上，"重实体、轻程序"问题依然存在，具体包括"滥用简易程序""未经立案审批就进行调查，或者调查取证之后不制作、送达行政处罚事先告知书""不出示执法证件、执法文书""不让当事人充分行使陈述权、申辩权"等。

二是处罚不严格依法，随意从轻、减轻或者从重、加重，尤其是前者的现象比较普遍。

三是在证据方面，过于注重当事人供述和证人证言，对客观证据的收集不注意程序，经常出现证据不充分的情形。

四、司法公信力建设任重道远

1. 司法公开制度未完全落实

一是立案后案件在法院内部的流转过程并未公开，当事人、代理人无法准确掌握案件进展信息。

二是曲靖市中级人民法院对于不开庭审理的二审案件，基本不通知当事人或者代理人案件受理情况以及合议庭组成人员，有当事人和代理人不知情的情况下就做出终审判决的情况发生。

三是在执行案件中除了立案信息之外，几乎查询不到任何信息。

四是两级法院案件直播次数达不到20%的最低标准，案件公开不足。

五是曲靖市人民检察院存在检察案件信息、检察队伍信息公开不全面的问题。

六是曲靖市公安局警务存在公开未涉及案件办理信息的问题。七

---

❶ 共查阅22个行政处罚案卷，不合格案卷10个，不合格率45%；总共22个行政许可案卷，不合格案卷9个，不合格率41%。

是曲靖市司法局信息存在公开不规范、不全面的问题。

2. 司法体制改革存在瓶颈

一是案多人少的问题，一方面是诉讼案件不断增长，另一方面是办案人员实际减少，造成员额制法官办案压力加大。

二是司法辅助人员不足，不能满足需要，影响了司法效率；三是放权与监督的矛盾尚未有效解决。

3. 影响司法效率的障碍尚未突破

一是随着内部审查、签章流程增加，在一定程度上影响了案件办理效率。

二是法官在案件审理中对司法鉴定等技术性手段的依赖性加大，存在可以不鉴定而要求鉴定或者反复鉴定的现象。

三是依托现代人工智能的"智慧法院"尚未有效建立，信息化程度低影响了案件办理效率。

4. 破解执行难问题仍需持续发力

在执行工作中，项目组注意到法院未公布有效执结率、执行标的额到位率这两个最核心的指标。调研中，多数代理人和当事人对于法院的执行多有微词，认为存在程序启动慢、执行过程不公开、执行力度仍然不够、了解信息困难等问题。

5. 社会公众对司法公正公平认可度低

在本次评估中，项目组在"法治建设满意度"问卷中设置了问题"您认为我市法官在案件审理中在保障公平公正方面做得如何"，用于调查曲靖市司法公信力状况，市委依法治市办回收的 1600 份有效问卷，平均得分为 49.8 分；项目组回收的 352 份有效问卷，平均得分为 44.26 分，两个数据均表明市民对于法院公平公正审理案件的认可度不高。

五、法治宣传教育针对性实效性不强

1. 法治宣传实效性欠缺

一是普法工作形式及内容单一，吸引力不强。

二是落实法治宣传教育工作的科学化、制度化方面还有差距，普法工作与部门职能职责的结合、促进与提高方面存在不足。

三是国家工作人员网络在线学法考试模式对促进实际学法用法的效果有待评估。

四是法律"六进"活动欠缺原始记录及宣传材料，更欠缺对上述原始资料的收集整理和分析评估。

五是针对残疾人、失地农民、城市流动人口、下岗失业人员等特殊群体的法治宣传和法律服务未有效开展。

2. 法治宣传与人民群众的诉求存在较大差距

从访谈的情况看，曲靖市广大民众对于法治宣传的需求是强烈的。受访对象提出的要求包括"要在公民中广泛开展法律知识和法治理念教育，增强公民意识和法治观念""加强一些法律的宣传，多动员人们参与，上大街上去宣传，深入学校去宣讲，让学生们多了解了解法律法规""曲靖电视台做一档节目，用一些事件去让人们熟悉法律，使人们建立起法律意识""希望政府加大对法律知识的宣传力度，加强法制建设，对公民的权益应该公开化，政府人员与公民应该加强沟通，政府机构部门应完善相关制度，多为老百姓带来福利"等。一方面，说明人民群众迫切需要了解和掌握与自己权益相关的法律法规；另一方面，也反映出人民群众对目前法治宣传的现状并不满意。

六、法治文化建设路径不畅，重点不突出

1. 法治文化建设创新不够

一是没有形成齐抓共管的局面。个别单位认识不足，主动协调配合不够，法治文化建设好像只是宣传、政法部门的事，没有形成全社会共同关心共同参与的局面。

二是没有吸引力。法治文化从内容到形式都较为陈旧，法律与社会公众的现实生活，与地方文化、行业文化等没有有机融合，难以吸引民众，民众对法治建设带来的安民、富民、惠民等没有获得感。

2. 把社会主义核心价值观融入法治建设未完全落实

一是相关工作方案尚需建立完善。截止项目评估结束前，市级层

面还没有研究出台《关于进一步把社会主义核心价值观融入法治建设的指导意见》的实施意见，除曲靖市检察院制定了实施方案之外，其他部门均未建立相应机制。

二是实践层面的工作还没有完全开展。

3.公民法治意识和法治素养有待提升

一是部分国家工作人员的法治意识和法治素养不高。具体表现为部分领导干部对法治工作重视不够；不重视法律顾问工作；重大决策外部程序不规范，公开征求意见制度未落实；执法中存在"不作为、滥作为"现象等；行政负责人出庭应诉率低等方面。

二是普通民众法治意识和法治素养缺失。在本次"公民法治意识"问卷调查中，市委依法治市办回收的1600份有效问卷，平均得分为59.48分；项目组回收的352份有效问卷，平均得分为69.95分。数据表明：曲靖市从国家工作人员到普通民众的法治意识淡薄，法治意识和法治素养有待提升。

七、社会治理存在体制和机制障碍

1.基层自治能力有待提高

从调研的情况看，村委会（居委会）对政府存在着全方位的依赖，工作还不能自主开展，行政化色彩浓重，自治功能缺位。具体表现为：

一是固定的工作经费主要来源是政府（街道）划拨。

二是在民主选举上，村民（居民）对选举结果认同度低。

三是决策方式上，科学民主的依法决策制度与程序未完全建立。

四是民主管理方面，社区居委会受到政府（街道）全方位的领导和控制，不能自主开展工作。

五是民主监督方面，村（居）务公开存在着表面化、形式化的问题。

六是村民（居民）参与公共事务的程度较低。

2.社会矛盾预防化解机制存在不足

曲靖市矛盾排查、救济救助、突发事件应对处置等机制已经建立健全，但是利益表达、心理干预、诉求表达等机制制度建立上存在不足，或者没有建立，或者虽已建立，但运行不畅。

3. 社会治安综合治理效果有待提高

曲靖市虽然对重点人群和人员的教育管理上做了大量工作，取得了一定的效果，但是，仍然存在一些不安定的因素，比如："两抢一盗"案件高发多发、青少年违法犯罪突出、刑事案件仍然处于高位、群体性事件相对突出等问题依然存在。

第三节　全面推进依法治市工作的建议

一、完善体制机制，为全面推进依法治市提供保障

1. 加强依法治市组织保障

一是要提高县（市、区）、市属单位对依法治市工作上的思想认识，督促其进一步建立和完善法治工作机制，形成整体合力。

二是要分解依法治市工作目标，细化考核办法和目标分值。《曲靖市 2016—2020 年依法治市规划》要按年度、按工作项目进行分解，将其列入《法治曲靖建设指标体系（试行）》之中进行考核，并进一步细化考核方式方法和评价标准，增加可操作性。

三是要逐步增加经费投入，进一步加大法治建设经费的投入。

四是要确保考核、督查、巡查落实到位，注重考核、督查结果的应用。

2. 提升党务公开的规范化水平

切实落实《中共曲靖市委关于进一步深化全市党务公开工作的意见》的要求，并按照《曲靖市党务公开工作考核和责任追究办法（试行）》等系列文件的要求，着力落实监督、考核机制。

3. 严格责任追究，强化监督功能

一是要坚持有责必问、问责必严，把监督检查、目标考核、责任

追究有机结合起来，形成法规制度执行强大推动力。

二是把问责的内容、对象、事项、主体、程序、方式制度化、程序化。

三是把法规制度执行情况纳入述法考评，让法规制度的力量得到充分释放。

四是加大问责力度，对有令不行、有禁不止的，不仅要严肃查处直接责任人，而且要严肃追究相关领导人员的责任。

二、加快地方立法进程，助推地方法治建设

一是尽快通过实施《曲靖市人民政府立法程序规定》，为制定曲靖市政府规章提供制度保障。

二是开展调研，尽快启动对"城乡建设与管理""环境保护""历史文化保护"等领域立法必要性和可行性调研，制定切合实际的立法规划和计划。

三是广泛征求意见，吸引民众参与，采取更有针对性的措施，提高广大民众，特别是法律专业人员的参与度。

三、补短板，强弱项，着力打造法治政府

1. 切实落实《曲靖市人民政府重大行政决策程序规定》

一是要切实落实"向社会公开征求意见、开展专家咨询论证、合法性审查"以及"未公开征求意见的、应当进行专家论证的重大行政决策事项，未经专家论证的、未经市人民政府法制部门审查或者审查认为不合法的不得提交市人民政府讨论决定"等要求，将决策过程和决策结果向社会公示。

二是要建立健全重大决策责任终身负责制、重大决策评估论证、跟踪反馈及责任倒查制度并贯彻落实。

2. 推进政务公开规范化常态化

一是加大环境、食品药品安全、交通运输、社会保障等与公众利益密切相关的重点领域信息的主动公开力度。

二是凡是与群众利益密切相关的行政规范性文件均应公开征求意

见、公开合法性审查情况，公布规范性文件清理情况、执行情况、实施效果及评估结果。

3. 严格依法执法，提升执法能力和水平

一是要推行程序规范化建设，树立"程序正义"观念，建立科学的案件办理和管理流程，规范执法人员严格依法按程序办理。

二是树立严格依法执法意识，纠正执法人员"和稀泥""怕麻烦"的错误观念，严格依法行政。

三是提高执法人员的证据意识和证据收集、审查、组织和判断能力，尽量把案件办成"铁案"；而对于证据不足的案件，应该从有利于当事人的原则，不对当事人进行处理。

四是扎实推进"两法衔接"，逐步实现行政执法机关与司法机关之间的网络互联、数据互通、信息共享。

四、深入推进司法公信力建设，切实维护公平正义

1. 深入推进司法公开

一是推进审判流程公开、裁判文书公开、执行信息公开三大平台建设，更好地满足人民群众的知情权、参与权、表达权和监督权，增进人民群众对司法的信任、信赖和信心。

二是充分运用现代信息技术，加快智慧法院建设步伐，推进数据集中管理，加强司法信息资源开发，促进法院信息化转型升级，更好地服务当事人和社会公众。

2. 推进司法工作信息化现代化建设

在目前技术发展阶段，大数据、人工智能虽然还不能有效替代司法人员对案件证据的审查判断，但应该探索将其运用于审判辅助、类案裁判规则提示、绩效考核辅助、裁判文书初稿起草、立案导诉等环节的具体方式，提升司法公正和效率。

3. 全面做好审判执行工作

把公正落实到每一起案件的办理过程中，立案、庭审、执行、听证严格按照程序和时限进行，提高案件办理效率，让当事人在案件办

理中感受到公平和正义，使人民群众信服司法裁判，信赖人民法院。

4.全面推行案件评鉴制和司法责任制

"让审理者裁判、由裁判者负责"是司法责任制改革的主要目标，是围绕放权和监督两个方面同时开展的。要通过案件评查机制，压实司法责任。建议各级法院探索成立案件评鉴委员会（必要时也可以委托第三方进行），建立公正科学的评鉴工作机制，对不能胜任司法改革新要求的人员可以劝退或者调离司法岗位。

五、创新法治宣传模式，增强法治宣传的针对性实效性

1.创新法治宣传模式，提高法治宣传效果

一是充分利用新媒体开展法治宣传。比如，开通法治短信平台、法治微信公众号、微电影、动漫等进行法治宣传。

二是充分利用法院、律师协会以及高校的资源组织开展模拟法庭，进行法治宣传。

三是拓展宣传平台，充分利用户外广告设施、交通媒介、大众传媒进行法治宣传。

2.建设法律服务超市，推进法治宣传与法律服务相融合

一是以司法所为中心，以律师事务所、法律服务所、法律援助中心、公证处、12348法律服务热线电话等为依托，整合基层司法资源，建立多功能性法律服务组织。

二是开展协同创新，由司法部门与高校联手打造"法律服务超市"，由高校法学专业师生协同律师、基层司法人员、退休法律工作者及特邀人士作为"超市服务员"，采用无偿的现场、在线和菜单式等服务方式，为社会公众和企事业单位提供法制宣传、法律咨询、纠纷调解、法律援助等法律产品。

三是在法治宣传的重要节点组建临时性"法律服务超市"，组织相关单位搭建"法律服务超市"，既向市民普法，又提供相关法律服务。

六、建设法治文明，提高法治素养

1. 夯实法治宣传教育平台，营造浓厚法治文化氛围

一是从市级层面夯实理论研究的平台，加大法治课题理论研究。

二是加强法治文化基础设施建设，推动公共场所和服务窗口单位建设法治宣传平台，建设法治文化主题公园。

三是充分发挥"道德讲堂"作用，把法治宣传融入道德讲堂。

四是把法治教育纳入基层文明创建活动重要内容，将文明创建活动与法治文明建设有机结合起来。

2. 将社会主义核心价值观贯穿到法治建设全过程

一是党委和政府部门必须率先垂范，树立法治思维，遵守法律，严格依法执政、依法行政。

二是要完善司法权力运行机制，规范司法行为，加强对司法活动的监督，努力让人民群众感受到司法的公平正义。

三是要努力营造浓厚的法治氛围，将守法作为现代公民意识的重要组成部分进行塑造和培育，增强公民和社会组织的国家意识、法治意识、社会责任意识，让守法成为全民的自觉意识和真诚信仰。

3. 提高领导干部依法办事能力

一是要着力领导干部学习培训，培养法治思维和法治意识，提高领导干部法治素养。

二是完善法治考核内容和手段，把法治建设成效纳入领导干部年度考核评价体系，发挥述法考评、法治业绩评估的作用。

七、创新社会治理体制机制，提高社会治理法治化水平

1. 建立完善的治理主体间合作治理机制

一是明晰政府社会治理的角色，发挥好政府在社会治理中的主导作用。强化政府研判社会发展趋势、编制社会发展专项规划、制订社会政策法规和统筹社会治理方面的职能。

二是厘清社会组织参与社会治理的范围，发挥社会组织的作用。

三是推进行业规范、社会组织章程、村规民约、社区公约等社会规范建设，充分发挥社会规范在社会治理中的作用。

四是完善基层群众自治机制，拓宽群众参加社会治理的范围和途径，丰富群众参加社会治理的内容和形式，发挥好群众参与基层社会治理的作用。

2. 建立畅通有序的群众权益调处及保障机制

一是畅通诉求表达机制，完善诉讼、仲裁、行政复议等法定诉求表达机制，畅通和拓宽群众诉求表达渠道。

二是建立心理干预机制，广泛宣传普及个人心理健康知识，建立心理危机干预预警机制。

三是完善矛盾调处机制，健全县（市、区）、街道（乡镇）、社区（村）、楼门院（小组）四级纵向人民调解网络，及时有效地把矛盾化解在基层。

四是健全群众权益保障机制，健全民主决策程序，防止因决策不当而损害群众利益。

五是健全行政复议案件审理机制，纠正违法或不当行政行为。

3. 健全公共安全体系，提升公共安全保障能力

一是健全食品药品安全监管机制，强化政府的食品药品安全监管责任，对食品药品安全实施有效的统一监管。

二是完善安全生产监管制度，认真贯彻落实完善安全生产法律法规、政策标准、技术服务，提高安全生产的科技支撑能力和应急救援水平。

三是健全防灾减灾救灾机制，落实统一指挥、综合协调、分类管理、分级负责、属地管理为主的灾害应急管理体制；健全以抢险、搜救、救护、救助、捐赠为基本内容的救灾应急社会动员机制。

四是创建立体化社会治安防控体系，以社会化、网络化、信息化为重点，健全点线面结合、网上网下结合、人防物防技防结合、打防管控结合的立体化社会治安防控体系。

第二部分 专项工作评估报告

第二章　依法执政与组织保障

依法执政是依法治国的关键，曲靖市委在全面建成小康社会进程中，坚持厉行法治。坚持党领导立法、保证执法、支持司法、带头守法，把依法治国基本方略依法执政基本方式统一起来，把党总览全局、协调各方同人大、政府、政协、审判机关、检察机关依法履行职能、开展工作统一起来。积极回应地方法治发展的现实需求，挖掘地方法治发展的有益元素，在全面推进依法治市中起到了核心领导作用。

第一节　评估指标体系及得分

一、评估指标体系

本次评估过程中，"依法执政"和"组织保障"都是一级指标，"依法执政"总分12分，"组织保障"总分5分。两个一级指标之下共设置9个二级指标，其中"依法执政"之下7个，"组织保障"之下2个，11个三级指标，36个观测点，并对观测点赋予相应的分值。具体参见表2-1。

表2－1 依法执政与组织保障指标体系

一级指标	二级指标	三级指标	观测点	评分标准
依法执政和组织保障（17分）	党委领导体制机制健全完善（2分）	1 领导体制健全。依法执政制度建立完善。党的领导干部职责权限规范明晰，党政部门及内设机构权责职能配置科学合理。党内民主充分发挥，党内生活经常化、制度化。党委领导和支持科学立法、依法行政、公正司法的工作制度健全（2分）	（1）市委常委会组成结构是否符合要求？（0.5分）	符合要求，不扣分；不符合，得0分
			（2）市委常委会是否定期向全委会报告工作？（0.5分）	定期报告，不扣分；不报告，得0分
			（3）党内民主生活情况、民主发挥情况。（0.5分）	依据项目组评价的结果打分
			（4）党委领导和支持科学立法、依法行政、公正司法的工作制度是否建立？（0.5分）	制度建立，不扣分；未建立，得0分
	党委决策程序规范（2分）	2 党委作出重大决策和出台重要政策依据充分，经过合法性审核。决策评估制度落实。决策失误纠错及责任追究机制建立健全。党委普遍建立法律顾问制度并实际运行。党务公开制度健全（2分）	（1）党委作出重大决策和出台重要政策合法性审查情况。（0.5分）	经过审查，不扣分；未审查，得0分
			（2）决策评估制度落实情况。决策失误纠错及责任追究机制建立情况。（0.5分）	依据项目组评价的结果打分
			（3）法律顾问制度落实情况。（0.5分）	依据项目组评价的结果打分
			（4）党务公开情况。（0.5分）	依据项目组评价的结果打分

续 表

一级指标	二级指标	三级指标	观测点	评分标准
依法执政和组织保障（17分）	党内法规制定规范（1分）	党内法规制定遵循《中国共产党党内法规制定条例》规定。与群众切身利益密切相关的党内法规草案，须充分征求意见。党内规范性文件备案审查与地方性法规、政府规章和行政规范性文件备案审查衔接联动机制建立健全。加强党内规范性文件的备案审查，对党内法规和规范性文件进行定期清理、即时清理。组织起草部门和单位适时对有关党内法规执行情况、实施效果开展评估。严格控制党委、政府联合发文（1分）	（1）党内法规制定遵循上位规定的情况（0.2分）	依据项目组评价的结果打分
			（2）备案审查情况（0.2分）	依据项目组评价的结果打分
			（3）定期清理、即时清理情况（0.2分）	依据项目组评价的结果打分
			（4）实施效果评估是否开展？（0.2分）	开展评估，不扣分；未开展，得0分
			（5）党委、政府联合发文是否控制？（0.2分）	依据项目组评价的结果打分
	干部选任导向正确（2分）	坚持重视法治素养和法治能力的用人导向，加强法治工作队伍建设和政法机关领导班子建设；把遵法守法、依法办事作为考察干部的重要内容。同等条件下优先提拔使用法治素养好、依法办事能力强的干部（1分）	（1）干部选任中是否重视法治素养和法治能力？（0.3分）	重视，不扣分；不重视，得0分
			（2）是否重视法治工作队伍建设和政法机关领导班子建设？（0.4分）	重视，不扣分；不重视，得0分
			（3）干部考察中是否包含法治内容？（0.3分）	包含，不扣分；不包含，得0分

一级指标	二级指标		三级指标	观测点	评分标准
依法执政和组织保障（17分）	干部选任导向正确（2分）	5	加强法治建设政绩考核，把法治建设成效作为衡量各级领导班子和领导干部实绩的重要内容，纳入政绩考核体系（1分）	干部政绩考核中是否包含法治建设成效？（1分）	包含，不扣分；不包含，得0分
	党风廉政建设和反腐败工作切实加强（2分）	6	落实党风廉政建设责任制，领导支持执纪监督机关依纪依法履行职责，定期听取党风廉政建设工作情况汇报，及时协调解决党风廉政建设重大问题。巡视制度完善，对地方、部门、事业单位、国有企业实现全覆盖。领导干部个人有关事项报告制度落实。未发生领导班子成员违法违纪案件（1分）	（1）党风廉政建设责任制是否落实？（0.3分）	落实，不扣分；未落实，得0分
				（2）巡察制度是否建立并落实？（0.3分）	制度建立并落实，不扣分；未建立，得0分
				（3）领导干部是否报告个人有关事项？（0.2分）	报告，不扣分；不报告，得0分
				（4）市级领导班子成员是否违法违纪？（0.2分）	无违法违纪，不扣分；有违法违纪，得0分
		7	反腐倡廉党内法规制度体系健全，预防和惩治腐败制度及作风建设长效机制建立完善。反腐败工作成效明显（1分）	（1）反腐倡廉党内法规制度建设情况。（0.4分）	依据项目组评价的结果打分
				（2）预防和惩治腐败制度及作风建设情况。（0.3分）	依据项目组评价的结果打分
				（3）反腐败工作成效评估和情况比较。（0.3分）	依据项目组评价的结果打分

续　表

一级指标	二级指标		三级指标	观测点	评分标准
依法执政和组织保障（17分）	改进和加强对政法工作的领导（1分）	8	党委政法委的职能定位明确，善于运用法治思维和法治方式领导政法工作，支持和保障审判机关、检察机关、侦查机关依法独立公正行使审判权、检察权、侦查权。案件协调督办工作规范。对违反法定程序干预司法的登记备案、报告、通报和责任追究制度完善（1分）	（1）党委政法委对审判机关、检察机关、侦查机关支持和保障情况（0.6分）	支持、保障，不扣分；不支持、不保障，得0分
				（2）对干预司法的登记备案、报告、通报和责任追究制度建设及落实情况（0.4分）	制度建立并落实，不扣分；未建立，得0分
	支持人大、政协发挥职能作用（1分）	9	党委常委会定期研究人大工作，及时解决人大工作中的重大问题。党委切实履行领导和组织协调地方立法工作的职责，适时审定地方立法规划和计划，对经济社会发展和全面深化改革中的重大问题及时提出立法建议。对重要法规草案所涉及的重大措施、政策取向、重要制度以及监督、重大事项决定中的重大问题，及时研究或听取汇报。党委常委会定期研究政协工作，及时解决政协工作中的重大问题。加强多党合作制度建设，开展立法协商，完善和加强民主党派地方委员会直接向同级党委提出建议制度（2分）	（1）党委是否支持人大解决重大问题？（0.6分）	支持，不扣分；不支持，记0分
				（2）党委是否审定地方立法规划和计划、立法建议、研究或听取汇报？（0.6分）	审定，不扣分；不审定，得0分
				（3）党委支持政协解决重大问题、加强多党合作制度建设、开展立法协商情况。（0.4分）	依据项目组评价的结果打分
				（4）民主党派地方委员会直接向同级党委提出建议的制度是否建立？（0.4分）	制度建立，不扣分；未建立，得0分

一级指标	二级指标		三级指标	观测点	评分标准
组织保障 5%	法治建设领导体制机制健全完善（3分）	10	党委领导依法治市工作的制度机制健全。依法治理工作评价问责机制建立健全。党政主要负责人第一责任人职责切实履行（3分）	（1）党委领导依法治市工作的制度机制是否建立并落实？（1分）	依据项目组评价的结果打分
				（2）依法治市工作评价问责机制是否建立？（1分）	建立，不扣分；未建立，得0分。
				（3）党政主要负责人履行《党政主要负责人履行推进法治建设第一责任人职责规定》情况。（1分）	依据项目组评价的结果打分
	法治建设工作推进有力2分	11	法治建设纳入经济社会发展总体规划，所需经费列入同级财政预算。纳入党委、政府绩效目标考核，考核情况作为各级领导班子、领导干部考核和年度述职述廉报告的重要内容（2分）	（1）法治建设是否纳入经济社会发展总体规划？经费是否列入同级财政预算？（1分）	依据项目组评价的结果打分
				（2）法治建设是否纳入党委、政府绩效目标考核？（0.5分）	依据项目组评价的结果打分。
				（3）领导班子、领导干部考核和年度述职述廉报告是否包括考核情况？（0.5分）	包括，不扣分；不包括，得0分。

二、评估得分

本项评估总分 17 分，评估得分 14.5 分，得分率 85.3%。9 个二

级指标中，5 个指标得分率为 100%，得分率最低的为 40%。11 个三
级指标中，得分率最高的为 100%，得分率最低的为 40%。具体参见
表 2 - 2。

表2-2 依法执政与组织保障得分、得分率统计表

二级指标	满分	得分	得分率	三级指标满分	得分	得分率
党委领导体制机制健全完善	2	2	100%	2	2	100%
党委决策程序规范	2	1	50%	2	1	50%
党内法规制定规范	1	0.4	40%	1	0.4	40%
干部选任导向正确	2	2	100%	1	1	100%
				1	1	100%
党风廉政建设和反腐败工作切实加强	2	2	100%	1	1	100%
				1	1	100%
改进和加强对政法工作的领导	1	1	100%	1	1	100%
支持人大、政协发挥职能作	2	2	100%	2	2	100%
法治建设领导体制机制健全完善	3	2.5	83.3%	3	2.5	83.3%
法治建设工作推进有力	2	1.6	80%	2	1.6	80%

第二节 依法执政和组织保障取得的主要成效

一、党委领导体制机制健全完善

一是党委领导体制健全、依法执政制度完善。市委常委会定期向
全委会报告工作，对市委重大事项或中心工作进展情况、年度目标进
行报告的制度机制健全。《中共曲靖市委议事规则（试行）》规定"市
委全委会每年至少召开 2 次，遇有重要情况可随时召开。每年至少听

取 1 次市委常委会的工作报告。"中共曲靖市第五届委员会第一次全体会议选举产生了中共曲靖市第五届委员会常委共 11 人，人员组成及职务构成符合要求。

二是充分发挥党内民主。《中共曲靖市委"三重一大"事项决策实施办法》《中共曲靖市委权力公开透明运行程序的规定（试行）》《中共曲靖市委重要情况通报制度（试行）》《中共曲靖市委议事规则（试行）的通知》四个文件确立了民主集中制原则，从不同方面规定了民主决策的内容，党内民主实现制度化。充分发扬民主决策事务，通过市委常委会、全委（扩大）会等研究决策，坚持主要领导末位发言。党内生活"三会一课"制度按期召开、理论中心组织学习制度运行规范。党内民主生活经常化，领导以普通党员身份参加所在党支部的组织生活会。年中根据上级安排召开专题民主生活会，年底召开年度民主生活会。在《曲靖日报》《曲靖新闻网》《曲靖纪委监察局网站》能够检索到多条市委或市级部门召开民主生活会的报道❶。

三是党委领导和支持科学立法、依法行政、公正司法的工作制度健全。《中共曲靖市人民代表大会常务委员会党组向市委请示报告立法工作办法》明确了党委对立法活动的领导和支持。通过"曲发""曲办发"文件，通知、规范行政工作中的重大问题，体现党委对行政工作的重视和支持。《关于党委政法委对政法各部门执法活动进行监督的实施办法》《市级政法部门 2016 年提高司法质量促进司法公正司法考核办法》两个规范性文件建立了党委政法委推进公正司法的监督、考核机制。

二、党委决策程序不断规范

一是建立了党委作出重大决策和出台重要政策合法性审查制度。

---

❶ 如 2017 年 1 月 24,市委常委领导班子召开民主生活会（《曲靖日报》）；2017 年 1 月 26 日，市纪委常委班子召开 2016 年度民主生活会（《曲靖纪委监察局网站》）2017 年 7 月 19 日,市委常委领导班子巡视整改专题民主生活会召开（《曲靖新闻网》）；2017 年 7 月 27 日,市委宣传部召开部领导班子巡视整改专题民主生活会(《曲靖日报》)等。

2012 年，《中共曲靖市委权力公开透明运行程序的规定（试行）》《中共曲靖市委重大事项决策咨询制度（试行）》《中共曲靖市委重大事项决策听证制度（试行）》《中共曲靖市委重要情况通报制度（试行）》，四个规范性文件建立了党委作出重大决策和出台重要政策的合法性审查制度。2016 年，《关于征求〈中共曲靖市委办公室关于进一步做好市委文件审核工作的意见〉》和《市委文件合法合规性审查办法（试行）》两个规范性文件，进一步明确了合法性审查的机构、内容和责任追究等事项。2016 年 1 月 1 日至 2017 年 7 月 31 日，市委（或市委与市政府）委托"市政府法制办"进行合法性审查项目 13 项，审查方式采用"书面反馈意见和建议"，详见表 2-3。

表2-3　市委（或与市政府）合法性审查项目信息❶

序	时间	合法性审查项目名称	发文主体	审查主体	审查方式	审查结果
1	2016.2.1	《关于征求"狠抓落实年"活动的实施意见（征求意见稿）修改意见和建议的通知》	市委	市政府法制办	书面反馈意见和建议	合法
2	2016.3.10	《中共曲靖市委办公室曲靖市人民政府办公室关于完善法律援助制度的实施意见》	市委市政府	市政府法制办	书面反馈意见和建议	合法
3	2016.8.8	《中共曲靖市委曲靖市人民政府关于全面深化国有企业改革的实施意见》	市委市政府	市政府法制办	书面反馈意见和建议	合法

❶ 统计的时间为为 2016 年 1 月 1 日起，截至 2017 年 7 月 31 日止

序	时间	合法性审查项目名称	发文主体	审查主体	审查方式	审查结果
4	2016.8.8	《中共曲靖市委曲靖市人民政府关于征求合理确定并严格规范市属国有企业负责人履职待遇业务支出管理实施意见修改意见的函》	市委市政府	市政府法制办	书面反馈意见和建议	合法
5	2016.8.8	《中共曲靖市委曲靖市人民政府关于进一步加强城市规划建设管理工作的实施意见》	市委市政府	市政府法制办	书面反馈意见和建议	合法
6	2016.8.31	《中共曲靖市委办公室曲靖市人民政府办公室印发关于全面推进全市政务公开工作的实施意见的通知》	市委市政府	市政府法制办	书面反馈意见和建议	合法
7	2016.11.8	《中共曲靖市委曲靖市人民政府关于加快教育改革发展建设区域性教育中心的实施意见》	市委市政府	市政府法制办	书面反馈意见和建议	合法
8	2016.11.10	关于征求《中共曲靖市委办公室关于进一步做好市委文件审核工作的意见》	市委	市政府法制办	书面反馈意见和建议	就与文件审核工作的业务知识提出了意见和建议

续　表

序	时间	合法性审查项目名称	发文主体	审查主体	审查方式	审查结果
9	2016.11.10	《党政机关公文处理工作督促检查办法（试行）》	市委	市政府法制办	书面反馈意见和建议	就文件审查工作的业务知识提出了意见和建议
10	2016.11.10	《市委文件合法合规性审查办法（试行）》	市委	市政府法制办	书面反馈意见和建议	就文件审查工作的业务知识提出了意见和建议
11	2016.11.10	《关于建立规章和规范性文件审查备案衔接联动机制的实施意见（征求意见稿）》修改意见和建议的通知	市委	市政府法制办	书面反馈意见和建议	就文件审查工作的业务知识提出了意见和建议
12	2017.2.10	《曲靖市环境保护督察督办与通报制度》	市委	市政府法制办	书面反馈意见和建议	合法

续 表

序	时间	合法性审查项目名称	发文主体	审查主体	审查方式	审查结果
13	2017.5.5	《曲靖市人民政府法制办公室水污染防治工作方案》	市委市政府	市政府法制办	书面反馈意见和建议	作合法性审查并按要求写了法审查并要写方案

　　二是党委法律顾问制度工作取得突破。2015 年《市委办、市政府办关于健全法律顾问制度的实施意见》建立了党委法律顾问制度。党委部门正积极探索组建法律顾问人才队伍的有效途径❶。已有个别部门聘请了专职律师担任部门常年法律顾问。

　　三是党务公开机制建立健全。2011 年《中共曲靖市委关于进一步深化全市党务公开工作的意见》和 2012 年《中共曲靖市委权力公开透明运行程序的规定（试行）》规定了党务公开的内容、方式和工作机制。2012 年建立了"党务公开工作自检自查"机制。基于《关于对全市党务公开工作进行督查的通知》和《曲靖市党务公开督导工作规程（试行）》建立了党务公开的"督查"和"督导"机制。制定了《曲靖市党务公开工作考核和责任追究办法（试行）》，规定了党务公开的考核程序、考核内容和标准、奖励与责任追究。通过《曲靖市党务公开工作群众满意度测评实施细则（试行）》规定了测评内容、测评方式、考核评价、工作要求。制定了《曲靖市党务公开工作示范点创建实施办法》、开通了曲靖市党务公开工作统计系统。

---

❶ 如将单位中取得律师资格证或通过司法资格考试的工作人员向司法部门申请办理为单位公职律师。

三、党内法规制定日益规范，规范性文件备案审查机制渐趋完善

一是党内法规制定日益规范。曲靖市委贯彻落实《中共中央关于加强党内法规制度建设的意见》的实施意见，对"曲组发""曲组通"等文件，严格审查，确保同党章和党的理论、路线、方针、政策不抵触，同宪法和法律一致，同上位党内法规和规范性文件不抵触，与其他同位规范性文件对同一事项的规定不冲突，规定的内容符合制定权限和程序。

二是规范性文件备案审查渐趋完善。加强对提交重要会议讨论文件前置审核，严把政策关、法律法规关、内容关、程序关，要求全市各级出台的党内规范性文件，必须向上一级党委报备并接受审查。2016 年制定了《关于建立规章和规范性文件审查备案衔接联动机制的实施意见》和《关于征求〈中共曲靖市委办公室关于进一步做好市委文件审核工作的意见〉》两个规范性文件，进一步规范备案审查工作。2016 年开展党内规范性文件清理，共清理 566 件，废止 204 件，宣布失效 139 件，继续有效 223 件。❶

三是控制党委、政府联合发文。省委、省政府联合发文的，市级也联合发文。没有上级依据的，严格控制联合发文。

四、干部选任导向正确

1. 坚持重视法治素养和法治能力的用人导向

一是干部选任中重视法治素养和法治能力。市委组织部通过对干部任前考察谈话的方式了解干部的法治素养和法治能力，注重提高党员干部依法办事能力。完善领导干部任前法律知识考试制度、学法用法工作机制和述职述廉述法述学四位一体的考核体系，把法治建设成效作为班子和领导工作实绩重要内容，把能不能遵守法律、依法办事

---

❶ 2017 年 1 月 9 日，"曲靖市依法执政专项组 2016 年工作情况报告"。

作为干部考查重要内容。2016年落实领导干部任前法律知识测试制度，全年组织考试4场共20人次。

二是加强政法机关领导班子和法治工作队伍建设。市委组织部在领导班子配备的时候注重法律素养和能力的考察，优先提拔使用法治素养好、依法办事能力强的人员，在考察干部时征求政法机关的意见。《曲靖市政法队伍建设联席会议制度》规定每半年召开一次曲靖市政法队伍建设联席会议。《曲靖市"十佳政法干警"评选办法》规定每年评选1次曲靖市"十佳政法干警"。

2. 加强法治建设政绩考核

《曲靖市2016年依法治市工作要点》确定"制定市管领导班子和领导干部综合考核评价办法，修改完善县（市、区）和市直单位依法治市考核细则，着力推进县（市、区）委书记、市直单位党政一把手切实履行推进法治建设第一责任人职责，构建领导班子和领导干部述职述廉述法述学四位一体的考核体系，把法治建设成效作为衡量各级领导班子和领导干部工作实绩的重要内容，纳入政绩考核指标体系，建立依法治市绩效考评制度"。市委组织部与市委政法委共同拟定《曲靖市党政领导干部述法考评实施办法》。市委组织部通过平时谈话了解干部的法治建设成效，处级以上干部每年的述职报告中必须包含法治建设成效的内容，将干部法治建设成效纳入每年对领导干部的民主测评范畴。

五、党风廉政建设和反腐败工作切实加强

1. 落实党风廉政建设

一是推进党风廉政建设责任制。《曲靖市2016年党风廉政建设责任制度实施意见》规定了党风廉政建设责任考核的对象、内容、方法、奖惩办法等内容。建立了党风建设责任"自检自查"和党风廉政建设责任制"量化考核"机制，制定了《曲靖市党政领导干部履职担当不到位问责办法（试行）》。

二是积极探索并开展契合地方需求的巡察工作。《中共曲靖市委关于建立党委巡察工作制度的实施意见》规定了巡察的范围、对象和主要内容，组织领导和主要机构，程序和方法，工作要求等内容。依托《曲靖市县级交叉巡察试点工作方案的通知》建立了交叉巡察制度，制定了《曲靖市巡察工作人才库管理办法（试行）》。2016年10月以来建立了市县两级巡察办，每年开展不少于3个轮次的巡察工作。2016年首轮巡察了市中级法院等8个市直部门（单位），2017年3月巡察了市委编办等10个市直单位。

三是运用重点核查和随机抽查机制落实领导干部有关事项报告制度。严格按照《领导干部报告个人有关事项规定》和《领导干部个人有关事项报告查核结果处理办法》的要求，落实领导干部个人有关事项报告制度。建立了重点抽查核实和随机抽查机制，对提拔的干部、进一步使用的干部、后备干部根据工作需要对某一部分事项进行重点核实。从2015年开始，每年组织1次随机抽查，随机抽查的对象占干部的10%。在重点抽查和随机抽查中发现有漏报、瞒报的情况严格按照相关规定处理。

2.反腐倡廉工作成效明显

一是反腐倡廉党内法规制度健全。2015年至2017年7月31日，制定了8个反腐倡廉的党内法规：《中共曲靖市市委反腐败协调小组工作规则（试行）》《曲靖市贯彻落实〈关于在查办党员和国家工作人员涉嫌违纪违法犯罪案件中加强协调配合的意见〉实施细则》《关于进一步加强村务监督委员会工作的意见》《曲靖市2016年党风廉政建设责任制度实施意见》《曲靖市纪检监察机关问题线索"日清、周转、月报、季结"管理办法》《中共曲靖市委关于建立党委巡察工作制度的实施意见》《曲靖市县级交叉巡察试点工作方案的通知》《曲靖市巡察工作人才库管理办法（试行）》。依托这些规范性文件建立了党风廉政责任制度、巡察（交叉巡察）制度、党风廉政建设责任考核制度、曲靖市纪检监察机关问题线索"日清、周转、月报、季结"等制度或机制。

二是预防和惩治腐败制度及作风的长效机制完善。《曲靖市2016年党风廉政建设责任制度实施意见》确定：全市各级纪检监察机关制定落实党风廉政建设主体责任目标任务分工方案，建立落实党风廉政建设主体责任、监督责任情况报告和责任追究制度。推动各级党委（党组）全面加强对党风廉政建设的组织领导，调整、充实党风廉政建设的议事协调机制，即"党风廉政建设责任制工作领导小组""反腐败协调小组""惩治和预防腐败体系建设工作领导小组""巡视工作协调联络领导小组"。建立领导班子和领导干部党风廉政建设任期目标责任制。建立了市县两级巡察办，每年开展不少于3个轮次的巡察工作。

三是反腐败工作卓有成效。2012至2016年五年间，"全市各级纪检监察机关坚持和完善吸收群众代表参与调查信访案件制度，共吸收291名群众代表参与了88件信访案件的调查处理。常委包案督办解决信访突出问题103件。对党的十八大以来反映领导干部的信访举报问题线索进行大排查、大起底，实行动态'清零'。加大谈话函询力度，早打招呼早提醒，共谈话函询217件次，问责各级干部1542人。办理省委巡视组移交信访举报273件。共接受群众来信来访来电和网络举报7274件次，初核问题线索3461件，立案2444件2694人，结案2374件，给予党纪政纪处分2576人，其中县处级干部59人、乡科级干部434人。为国家和集体挽回经济损失1.16亿元，进一步强化了'不敢腐'的氛围。……五年来，市纪委查办案件工作连续三年在全省州市考核评比中名列第一，会泽县、罗平县纪委分别在全省县（市、区）考核评比中名列第一。"

六、党委政法委善于运用法治思维和法治方式领导政法工作

一是党委政法委协调督办工作规范。制定《关于党委政法委对政法各部门执法活动进行监督的实施办法》，在重大案件的侦查、检察、审判过程中开展部门协调，帮助、支持法检公解决具体工作中的困

难，监督、促进公正司法。制定《市级政法部门 2016 年提高司法质量促进司法公正司法考核办法》，将市中级人民法院、市检察院、市公安局、市司法局纳入曲靖市综合考核范畴。2013 年以来，市政法委每个季度向"各县（市、区）党委政法委、曲靖经开区党工委政法委、市级政法各部门"印发全市政法工作主要业务数据简析，报市级领导参阅，以便全面、准确地掌握政法工作运行态势。

二是贯彻执行对干预司法的登记备案、报告、通报和责任追究制度。2015 年，市委政法委下达"关于上报领导干部干预司法活动、插手具体案件处理和司法机关内部人员过问案件情况的通知"，要求各县（市、区）党委政法委、曲靖经开区党工委政法委、市级政法各部门纪检组（纪委）认真统计领导干部干预司法活动，插手具体案件处理和司法机关内部人员过问案件情况，每季度上报一次统计数据给中共曲靖市委政法委。2016 年 1 月 1 日至 2017 年 7 月 31 日，市政法委没有发现领导干部干预司法活动、插手具体案件处理和司法机关内部人员过问案件的情况。

七、党委支持人大、政协发挥职能作用

一是支持人大解决重大问题。党委支持和保证人大及其常委会依法履行职责，为人大工作创造良好环境，重视和支持人大工作环境和条件的改善，切实保障各级人大及其常委会、人大代表履职必需的工作经费，为人大及其常委会履行职责、开展工作提供必要保障。重视和加强基层人大工作，制定了《中共曲靖市委关于加强县乡人大工作和建设的实施意见》。支持人大的立法研究工作，2015 年和 2016 年市人大法制委《曲靖市地方立法机制研究》《地方立法审议机制研究》两个曲靖市哲学社会科学规划课题立项建设。审定地方立法规划、计划和立法建议。市委常委会审议、决定市人大 2017 年的立法计划（《曲靖市建设工程施工现场管理办法》）和调研项目（《曲靖市城市供水管理办法》《曲靖市非物质文化遗产管理条例》）。截止 2017 年 6 月，

市人大法制委员会向市委请示报告地方立法工作的办法、地方立法咨询专家库建立和管理办法、基层立法联系点和管理办法等三项制度的草案起草工作。

二是支持政协解决重大问题。《政协曲靖市委员会调研视察工作条例》规定：政协曲靖市委员会专门委员会每年制订出的新一年度调研视察工作计划需经中共曲靖市委批准同意；重点调研视察活动，由政协曲靖市委员会办公室商请市委办公室或市政府办公室通知有关县（市）区党委、政府和有关部门，协助做好调研视察活动安排；政协调研视察报告需报送市委。

三是加强和深化社会主义协商民主建设。2016年致力于推进政党协商、加强城乡社区协商民主和社会主义协商民主的制度建设，制定了《关于推进政党协商的实施意见》《关于加强城乡社区协商民主建设的实施意见》《中共曲靖市委关于加强社会主义协商民主建设的实施意见》三个规范性文件。

四是建立民主党派地方委员会直接向同级党委提出建议制度。2016年7月制定了《中共曲靖市委关于加强社会主义协商民主建设的实施意见》，规定"各民主党派市委每年以调研报告、建议等形式，就贯彻落实中央、省、市重大方针政策、重大工作部署情况及有关重要问题等，直接向中共曲靖市委提出意见建议。各民主党派市委负责同志可以个人名义向中共曲靖市委、市人民政府直接反映情况、提出建议。"

八、法治建设领导体制机制基本健全

一是党委领导依法治市工作的制度机制体系基本形成。形成了"1+6+N"●的工作机制，构筑了以《中共曲靖市委关于贯彻落实〈中共

● "1"是指依法治市领导办公室，"6"是指依法执政、依法执政、地方立法、公正司法、法治宣传、法治文化6个专项小组，"N"是指62个依法治市小组专项组成员单位和其他多个非依法治市领导小组成员的单位。

中央关于全面推进依法治国若干重大问题的决定〉的实施意见》为主导，结合"曲靖市 2016-2020 年依法治市规划"、年度"任务清单""考核办法""考评细则"等配套运行的制度体系。定期召开市依法治市领导小组全体会议，听取并审议相关文件。2015 年 5 月 5 日，曲靖市委依法治市领导小组第一次全体会议审议了《曲靖市委依法治市领导小组工作规则（草案）》等 9 个文件。2016 年 8 月 8 日，曲靖市委依法治市领导小组第二次全体会议召开，听取并审议《曲靖市 2016 – 2020 年依法治市规划》（草案）等 5 个文件。

二是依法治市工作评价问责机制基本健全。《曲靖市 2016 – 2020 年依法治市规划》确定各级党政主要负责人要履行推进依法治市第一责任人职责，每半年至少听取一次依法治市工作汇报，及时研究解决法治建设中的重大问题和突出矛盾。2016 年《曲靖市依法治市工作考评办法（试行）》指出，党政领导班子和领导干部法治建设实绩纳入市管领导班子和领导干部年度考核评价体系，与业绩评定、职务晋升、奖励惩处挂钩。

三是有序推进法治建设第一责任人职责。《曲靖市法治政府建设规划暨实施方案（2016 – 2020 年）》明确各级党政主要负责人要履行推进依法治市第一责任人职责。《曲靖市法治政府建设规划暨实施方案（2016 – 2020 年）》确定建立市、县（市、区）政府对本行政区域内的依法行政负总责、政府法制部门牵头、各职能部门为主体，权责统一、权威高效的推进依法行政体制。

九、逐步加大法治建设工作力度和经费保障

一是法治建设纳入经济社会发展总体规划。《坚持四个全面，落实五大理念，为曲靖全面建成小康社会而努力奋斗——在中国共产党曲靖市第五次代表大会上的报告》《2017 年曲靖市人民政府工作报告》和曲靖"十三五"规划均将依法治市纳入总体建设规划。

二是法治建设纳入党委、政府绩效目标考核。《曲靖市法治政府建设规划暨实施方案（2016 – 2020 年）》指出：各级党委、政府要把

依法行政暨法治政府建设考核纳入本地区综合考评指标体系，占一定分值或者权重，把法治建设成效作为衡量各级领导班子和领导干部工作实绩的重要内容，纳入政绩考核指标体系，充分发挥考核评价对法治政府建设的重要推动作用。制定了《曲靖市依法治市工作考评办法》和《曲靖市依法治市工作考评细则》等考核文件，将依法治市工作纳入各县（市、区）、市属单位的综合考评。

三是明确领导班子、领导干部考核和年度述职述廉报告应包括法治建设情况。《曲靖市 2016 – 2020 年依法治市规划》指出，将依法治市工作纳入各地、各部门绩效目标考核内容，考核情况作为各级领导班子和领导干部考核和年度述职述廉报告的重要内容。领导班子、领导干部年度述职以及民主生活会内容必须包括法治建设情况。

四是逐步增加依法治市经费保障。《曲靖市 2016 – 2020 年依法治市规划》指出，县级以上各级政府应当按照事权划分、将法治建设经费列入本级年度预算，由同级财政予以保障。《曲靖市法治政府建设规划暨实施方案（2016 – 2020 年）》指出，县级以上各级政府要将同级政府及其部门依法行政必要的经费开支列入年度预算，由同级财政予以保障。2016 年，曲靖市市级依法治市经费财政经费合计 150 万。

第三节　存在的主要问题

1. 法治思维和法治理念有待强化

2015 年全面推进依法治市工作以来，曲靖市委对依法执政高度重视。但在具体工作推进过程中，有的党员干部表现出法治思维薄弱，依法办事能力不高，少数人仍然停留在"名称认知"的表浅状态，虽然知道依法执政的术语，但对其内涵和具体要求认知模糊，对依法执政的认同度不高，毋宁是将法治思维体现在日常工作中了。有的工作人员认为依法执政过于空泛、缺乏可操作性，他们在依法执政工作开展过程中主动性差、配合度不高。造成这种现象的原因是多方面的，即囿于传统执政理念的桎梏，也受惯性工作模式的影响。

2. 依法治县（市、区）领导合力存在不足

2015 年以来，市委不断完善依法治市领导体制，市委领导依法治市工作机制基本健全。但是，部分县（市、区）、市属单位领导班子对依法治工作不够重视，没有及时明确分管领导，对全面推进依法治县（市、区）工作的重视程度和领导力量都有待加强，存在不积极作为情况，没有形成核心领导力。

3. 依法治市工作推进效率有待提高

依法治市工作的整体推进效率体现在具体工作能否得到及时、有效地落实，体现在四组配合关系能否高效率地开展工作：依法治市领导小组办公室与六个专项小组组长单位的配合、六个专项小组组长单位与其他 56 个成员单位的协调与配合、不同成员单位办事人员之间的联络与配合、办事人员与本单位内部其他工作人员的配合。当前的问题是，六个专项小组组长单位没有配备专职工作人员，办事人员在落实依法治市办公室具体工作安排时存在协调困难、效率不高的问题。成员单位内部没有直接承担法治建设具体任务的工作人员，即使其完成的工作属于依法治市的指标体系，依然存在认知模糊的情况。承担依法治市具体业务的工作人员（如联络人员）在开展具体工作时与本单位内部工作人员配合度差，其承担的工作内容最终可能演变成为业务人员"单打独斗"的"个人事务"。

4. 依法决策制度机制尚待完善

2012 年，《中共曲靖市委重大事项决策咨询制度（试行）》明确了依法决策的内容，但重大事项决策机制建设和决策程序运行与文件要求有较大差距。

一是党委作出重要决策和出台重要政策的合法性审查形式单一，咨询和听证等审查形式运用率低。通过互联网检索"曲靖党务公开网""曲靖党建网"，未检索到市委在 2016 年 1 月 1 日至 2017 年 7 月 31 日期间使用"决策咨询"或"听证"等合法性审查项目信息。2016 年 1 月 1 日至 2017 年 7 月 31 日，市委（或市委与市政府联合委托）

13 项委托"市政府法制办"合法性审查的项目，全部采用"书面反馈意见和建议"的单一审查方式。

二是法律顾问建设成效不平衡，未按计划推进。曲靖市委"2017年依法执政工作任务"明确提出在 2017 年 11 月底以前全面推行党委法律顾问制度。但在项目组调查期间，仅有少数部门或单位聘请了法律顾问。

三是决策评估制度不健全，决策失误责任追究及纠错机制不系统。决策失误责任追究及纠错机制是促进党委决策民主性、科学性，预防和及时纠正决策过错行为，维护公民合法权益的保障机制。曲靖市党委尚未建立系统的"决策失误责任追究及纠错机制"，未能形成一个有效的运行系统，没有形成与决策权、执行权、监督权既相互制约又相互协调的权力结构和运行机制。

5. 党内规范性文件建设存在薄弱环节

《中共中央关于全面推进依法治国若干重大问题的决定》把党内法规体系作为中国特色社会主义法治体系的一个重要组成部分予以高度重视。曲靖市党内规范性文件在三方面需要进一步加强：（1）规范性文件的质量需要进一步提高。2016 年，市委向省委报备 82 件规范性文件，其中 1 件被纠正提醒。（2）规范性文件的审查、清理、公开力度不够。在"曲靖党务公开网""曲靖党建网"等网络媒体上能够找到少数规范性文件的名称（如会议报道中），却难以检索到规范性文件的具体内容。规范性文件的备案、清理（继续有效、修改、失效、废止）信息在网络媒体中检索不到。（3）规范性文件实施效果的评估机制欠缺。根据网络检索和实地调研的情况，未了解到曲靖市开展党内法规实施效果评估的情况。

6. 党务信息公开在内容、程序、方式、时限上均存在不足

党务公开，就是把党内事务的运作过程和党执掌国家权力的运作过程向党内和社会公开，增强工作透明度。虽然曲靖市委针对党务公开制定了相应的规范性文件，建立了考核机制，开通了党务公开

工作统计系统，但在"曲靖党务公开网、"曲靖党建网"等网络媒体中，仍然存在内容不全面、程序不规范、方式较单一、时限上滞后等问题。

7. 依法治市评价问责机制运行效果欠佳

曲靖市依法治市评价问责机制基本健全，建立了"党政主要负责人要履行推进依法治市第一责任人"制度，制定了"曲靖市依法治市工作考评办法（试行）"，下达了"依法治市领导小组成员单位工作职责"，并配套运行"依法治市工作任务清单""依法治市工作要点""依法治市工作检查考评细则"。但项目组在"依法执政"专项评估中，对三级指标项下 13 个观测点进行了不同程度的扣分，其中 12 个观测点的扣分原因集中在落实问题上，又以落实不到位或落实效果有待提高为典型表现。评价问责机制的落实是难题，也是制约依法治市继续推进的关键性问题。同时，依法治市评价问责的具体制度机制的构建有必要进一步探索并细化。

一是法治建设短期目标设置不够具体，法治工作考核量化粗略。曲靖市法治建设的导向目标主要依据《曲靖市 2016-2020 年依法治市规划》《法治曲靖建设指标体系（试行）》等文件，但这些目标是立足于整个曲靖市的宏观目标，具体到县（市、区）、市属单位，这些目标就显得过于宏大，不够具体，难以直接实施。《曲靖市 2016 依法治市工作考核办法》对单位进行法治工作考核量化标准粗略，考核结果难以体现实质公平。

二是依法治市激励机制尚待进一步探索。2016 年《曲靖市依法治市工作考评办法（试行）》第五章"考核结果运用"中第 13 条规定"市委依法治市领导小组根据依法治市总体推进情况，对依法治市工作做出突出贡献的单位和个人，分类分等次给予表彰。"该条款中"分类分等次给予表彰"的表述含糊，如何分类，怎么分等，表彰的形式、方式等没有明确，操作性不强，对单位和个人的吸引力有限。实地调研走访中发现，依法治市领导小组成员单位的工作人员对依法治市的认知差、参与热情不高、认同度低，间接反应出依法治市激励机制吸引力式微的问题。

8.依法治市保障机制不够健全

一是依法治市的专职、专业人员配备紧缺。依法治市是一项系统工程，需要统筹各方面的综合性工作，对工作人员的精力投入和专业素养均提出了较高的要求。依法治市领导小组办公室两个科配备的工作人员难以满足依法治市广范围、系统性、多领域工作同步推进的实际需求。依法治市专项小组组长单位和成员单位中，承担依法治市具体工作、联络事宜的人员多是兼职，不仅在工作精力方面疲于应对，更为重要是在专业素养方面无法达到具体事务的要求。

二是依法治市经费保障短缺。2016 年市级 150 万依法治市经费，难以满足工作推进的实际需求，不能为依法治市工作按质按量的顺利推进提供经费支持。经费不足不仅让各项工作的推进捉襟见肘，打击了成员单位、工作人员的积极性，甚至可能导致部门（或单位）单位或工作人员滋生排斥、反感、等待、观望等负面情绪，妨碍依法治市的整体推进。实地调研过程中，不止一次有单位和工作人员抱怨法治工作缺乏经费支持，工作难以开展。

第四节   完善的建议

1.完善"倒逼机制"强化法治思维

党员领导干部是依法治市推进的重要组织者、推动者和实践者。领导干部尤其要以身作则践行法治思维、提升法治能力。强化法治思维的有效方法是"倒逼机制"，即通过分解治市的内容、完善依法执政的机制、建立奖惩制度等方式，引导各级党员干部，特别是领导干部，在日常工作中主动（不得不）转变观念、方法，最终达到认同、内化，并自觉践行法治方式。（1）梳理、分解、细化依法治市的具体内容，将法治思维和法治理念贯穿到日常工作中。（2）完善党务工作的程序，运用程序监督提高办事效率，促进能力提升。（3）开展卓有成效的法律培训，引导参培人员形成法律思维、掌握法律方法，进而实现尊法学法守法用法。（4）将是否具备法治思维、能否依法办事纳入干部选任、提拔和考核的指标体系。（5）把学法、守法、依法办事等重要内容纳入领导干部法治档案。

2. 加强依法治县（市、区）领导，形成工作合力

加强县（市、区）、市直单位对依法治市工作在思想上的重视程度，督促所有县（市、区）、市直单位进一步加强法治推进领导机制建设，为法治工作的推进提供组织机制保障，形成全面推进依法治市工作的合力。

3. 创新工作方法、提高工作效率

进一步探索、创新依法治市领导小组办公室与依法执政小组负责单位、依法执政成员单位之间的工作模式，即不局限于既有的文书往来，安排专门（或专职）工作人员，规范工作程序，简化中间环节，加强监督。改善依法治市成员单位内部的工作效率，将本单位涉及法治建设的核心内容公开、公示，让更多的工作人员知晓、参与其中。针对依法治市业务繁重的部门或单位（如专项组组长单位），配备专职工作人员（优先调配或选用具有法治工作经验或法律教育背景的人员），提高工作实效。

4. 健全依法决策机制

坚持科学决策、民主决策和依法决策，完善重大决策机制，规范重大决策行为，助推依法治市的纵深发展。

一是丰富合法性审查资源、拓展合法性审查形式。曲靖虽然建立了以咨询、听证、重要情况通报为主的合法性审查制度，但这些制度运行的资源相对匮乏，难以适应市委合法性审查的现实需求。拓展合法性审查资源，如建立市委法规工作机构、完善法律顾问制度、健全全市的专家咨询委员会和专家库，是确保市委合法性审查质量的资源保障。在完善合法性审查配套机制基础上，拓展合法性审查的形式，结合具体重要决策的内容和实际需要，分别采取在市委机构内（法规工作机构）进行合法性审查、委托法律顾问进行合法性审查、委托行业专家进行合法性审查等形式相结合，合理运用"书面审查""咨询""听证"等多样化的审查方式，提高党委决策的透明度。

二是推动法律顾问制度的落实，完善法律顾问保障、监督机制，使法律顾问功能得到切实发挥。当前不仅要实现曲靖党委部门法律顾问制度的全覆盖，而且要确保法律顾问功能得到有效发挥。完善法律顾问工作的相关文件，规范法律顾问的聘请程序，明确法律顾问的职责、权利、义务等内容。加强监督考核，督促各部门聘请高素质、高质量的法律顾问（公开选聘、团队化、专业化），并切实提供有效地法律服务。

三是健全决策评估、决策失误责任追究及纠错机制。决策评估、决策失误责任追究及纠错机制是提高党委决策质量、减少决策失误、及时避免决策错误导致损失的重要举措。党委决策评估和决策失误责任追究及纠错机制是党委决策程序的重要内容，基于"谁决策、谁负责"的原则，建立决策评估制度，对党委决策进行客观的评估。制定责任认定规则，明确责任追究程序，健全纠错改正机制，健全责任处罚体系，加强对决策权力的制约和控制。

5.完善党内规范性文件的制定、备案、公开和实施效果评估机制

注重提高党内规范性文件的质量，确保与中央、省委出台的党内法规的衔接和协调。健全完善党内规范性文件的备案审查制度，确保县（市、区）党委和市直部门党委（党组）制定的规范性文件，必须报送市委备案审查。进一步规范党内规范性文件的清理、公开，督促各部门及时公开规范性文件（谁制定、谁公开），具体包括规范性文件的内容、备案信息、清理（继续有效、修改、失效、废止）信息等。适时进行规范性文件的实施效果评估。

6. 全面、客观、真实、具体公开党务信息

建议根据《中共曲靖市委关于进一步深化全市党务公开工作的意见》（曲发〔2011〕28号）的要求，采取设置党务公开栏（网）、办事指南、电子屏幕、公开电话、党务公开意见箱和新闻媒体报道等形式，按照制定目录、实施公开、收集反馈、归档整理的程序，及时、全面、客观、真实、具体公开党组织决议、决定及执行情况；本地区本部门本单位重大事项决策及执行情况；党的思想建设情况；党的组织建设情况；领导班子建设情况；干部选任和管理情况；联系和服务党员、群众情况；党风廉政建设情况等事项。并按照《曲靖市党务公开工作考核和责任追究办法（试行）》等系列文件的要求，着力落实监督、考核机制。

7. 深化考核机制、压实责任、兑现奖惩

一是进一步完善考核机制。分解依法治市工作目标，细化考核办法和目标分值。法治建设目标的不明确势必造成县（市、区）、市属单位建设导向不明，可将《曲靖市2016－2020年依法治市规划》和《法治曲靖建设指标体系（试行）》分年度目标进行分解，重点内容可包括：健全推动法治工作落实保障机制、依法执政、科学立法、依法行政、公正司法、社会依法治理、法治宣传、学法用法、法治文化、监督问责等几个大类。可在每个大类分为一级目标、二级目标、三级目标，并进一步细化法治工作考核细则，对目标分值、考核对象、考核方式进行了详细规定。依法治市办公室可不定期对各单位的责任分工、目标完成进度进行督查，保障法治工作的稳步推进。

二是建立目标责任考核机制。结合《党政主要负责人履行推进法治建设第一责任人职责规定》的要求，制定曲靖依法治市工作的目标责任管理办法，年初由各部门、单位负责人签订目标责任书，年终结合目标责任书的实现程度进行考核。目标管理责任书应当包含主体责任落实、工作机制健全、重点推进有力、法治成效明显等方面的内容。目标责任制致力于落实党委主责、党政"一把手"首责、分管领

导专责、其他班子成员"一岗双责"的责任制。

三是兑现奖惩结果。每年公开遴选"依法治市"先进单位和先进个人，让评比切实体现公平公正，发挥正面激励示范作用。及时兑现考评结果，对获得评优的部门（或单位）或个人予以荣誉或经济方面的奖励，对于考核不合格部门（或单位）进行诫勉谈话、限期整改。

8. 加大人力资源配置和经费投入力度

一是基于正规化、专业化和职业化的标准，加强法治工作队伍建设，通过内部调配、重点培养、新进的方式缓解依法治市的人员短缺状况。将各部门（单位）现有的具有法治工作经验、或具备法律教育背景的工作人员（或在全市范围内进行人才选拔、交流），优先充实到依法治市工作中，提高依法治市工作人才基础。针对专职承担依法治市工作的人员进行重点培训，提升他们的法律素养和依法办事的能力。同时，有的岗位可考虑新进高素质的法律专业人员。

二是逐步增加依法治市经费投入，进一步加大法治建设经费的保障力度。从本级财政中加大对依法治市工作经费的投入，积极向上级争取依法治市工作的资金，确保满足依法治市工作的需要。逐步实现单位法治推进工作的专项经费保障制度，为全市法治建设活动的开展提供有力的财政支持。建立依法治市工作经费监管机制，确保经费专款专用。

第三章 地 方 立 法

　　法律是治国之重器，良法是善治的前提，科学立法是依法治国的前提。《云南省人民代表大会常务委员会关于确定昭通等七州市人民代表大会及其常务委员会开始制定地方性法规时间的决定》在云南省十二届人大常委会第二十二次会议上表决通过，曲靖成为云南省第一批取得地方立法权的州（市）之一，自 2016 年 3 月 1 日行使。2017 年 4 月 18 日，《曲靖市人民代表大会及其常务委员会立法条例》在云南省所有州市中率先制定实施，为扎实推进地方立法、提高立法质量奠定了坚实的基础，地方立法的制度机制逐渐建立健全。

第一节　评估指标体系及得分

一、评估指标体系

　　本次评估，在"地方立法"一级指标之下共设置 3 个二级指标，7 个三级指标，16 个观测点，并对观测点赋予相应的分值。具体参看表 3—1。

表3-1 地方立法指标体系

一级指标	二级指标	三级指标		观测点	评分标准
地方立法（8分）	地方立法体制机制完善（3分）	党委对立法工作中重大问题的决策程序完善。人大及其常委会对地方立法工作的主导作用有效发挥，专门委员会和常委会工作委员会的职能进一步强化。人大代表参与立法调研、论证、评估和审议工作机制进一步健全规范（1分）	1	（1）党委对立法工作中重大问题的决策程序是否完善？（0.4分）	程序完善，不扣分；未建立，得0分。
				（2）人大及其常委会对地方立法工作的主导作用发挥情况，专门委员会和常委会工作委员会的职能是否得到强化？（0.3分）	对工作开展情况及结果进行评价，根据评价结果给出得分。
				（3）人大代表参与立法调研、论证、评估和审议工作机制是否健全规范？（0.3分）	机制建立，不扣分；未建立，得0分。
		立法工作按照法定权限和程序开展。地方性法规和政府规章及时、规范报备，备案审查制度健全落实，合法性审查严格规范（1分）	2	对已经公布实施的地方性法规、地方性规章（1）是否越权？（0.4分）	不越权，不扣分；越权，得0分。
				（2）程序是否合法？（0.3分）	合法，不扣分；不合法，得0分。
				（3）是否依法报备及审查？（0.3分）	进行，不扣分；未进行，得0分。

一级指标	二级指标		三级指标	观测点	评分标准
地方立法（8分）	地方立法体制机制完善（3分）	3	公众参与立法的制度机制健全完善，立法项目和法规草案听证、论证、协商、专家咨询、第三方评估、公开征集征求公众意见及公众意见采纳情况反馈等制度健全。特别是涉及人民群众切身利益的地方性法规和政府规章草案内容以及新设定行政许可，要向社会公开征求意见。涉及重大利害关系的地方性法规和政府规章草案要进行听证。（1分）	（1）听证、论证、协商、专家咨询、第三方评估、公开征集征求公众意见及公众意见采纳情况反馈等制度是否建立？（0.5分）	曲靖市上述制度已经建立，不扣分；未建立，得0分。
				（2）上述制度在地方性法规、规章制定中的落实情况和落实效果。（0.5分）	对上述制度的落实程度及效果进行评价，对于有必要落实而未落实的，为0分，对于落实程度不够或者落实效果不好的，根据评估结果打分。
	地方立方质量不断提高（3分）	4	地方法规、规章进一步建立健全。重点领域立法与改革发展协调推进，创制性立法有一定数量，地方保护和部门利益法制化倾向得到有效遏制（2分）	（1）曲靖市地方性法规、规章制定情况与地方改革发展的协调程度。（0.8分）	依据项目组评价的结果打分。
				（2）创制性立法情况。（0.7分）	依据项目组评价的结果打分。
				（3）立法中是否存在地方和部门利益保护情况？（0.5分）	已经颁布实施的地方性法规、规章中不存在保护地方和部门利益的现象，不扣分；存在，得0分。

一级指标	二级指标		三级指标	观测点	评分标准
地方立法（8分）	地方立法质量不断提高（3分）	5	根据经济社会发展战略，结合省委、省政府重大决策部署，科学合理制定立法规划（计划），地方性法规、规章和规范性文件制定程序完善，具备前瞻性、可操作性（1分）	（1）曲靖市地方性法规、规章制定规划（计划）与省委、省政府重大决策部署契合程度。（0.5分）	依据项目组评价的结果打分。
				（2）曲靖市地方性法规、规章制定程序完善程度。（0.5分）	依据项目组评价的结果打分。
	法律法规实施监督机制健全（2分）	6	法律法规实施监督主体明确、职权清晰、程序规范。定期开展执法检查（1分）	（1）法律法规实施监督主体明确、职权清晰、程序规范。（0.5分）	依据项目组评价的结果打分。
				（2）定期开展执法检查。（0.5分）	依据项目组评价的结果打分。
		7	地方性法规、规章立法后评估、定期清理、修订、废止的制度机制健全完善（1分）	地方性法规、规章立法后评估、定期清理、修订、废止的制度机制建立健全情况。	地方性法规机制建立得0.5分；未建立，得0分。地方性规章机制建立得0.5分；未建立，得0分。

二、得分情况

本项评估的总分为 8 分，评估得分 6.2 分，得分率为 77.5%。3 个二级指标中，得分率最高的为 83.3%，得分率最低的为 65%。7 个三级指标中，得分率最高的为 100%，得分率最低的为 50%。具体参见表 3 - 2。

表3-2　地方立法得分、得分率统计表

二级指标	满分	得分	得分率	三级指标满分	得分	得分率
地方立法体制机制完善	3	2.5	83.3%	1	0.7	70%
				1	1	100%
				1	0.8	80%
地方立方质量不断提高	3	2.4	80%	2	1.6	80%
				1	0.8	80%
法律法规实施监督机制健全	2	1.3	65%	1	0.8	80%
				1	0.5	50%

第二节　地方立法取得的主要成效

一、地方立法体制机制逐渐完善

1.党委领导、人大主导的立法机制已经建立

一是加强党对立法工作的领导。曲靖市人大常委会制定了《中共曲靖市人大常委会党组向市委请示报告立法工作办法》，明确了立法规划、年度立法计划、制定、修改和废止地方性法规、地方性法规审议向市委请示以及上年度立法工作情况向市委进行年度报告等制度。建立了曲靖市人大常委会年度工作要点向市委请示机制。在《曲靖市

人大常委会立法咨询专家库管理办法》《曲靖市人大常委会基层立法联系点工作规定》等立法工作制度建立前坚持向市委请示报告。

二是充分发挥市人大及其常委会在立法工作中的主导作用。《曲靖市人民代表大会及其常务委员会立法条例》明确规定市人民代表大会及其常务委员会应当加强对立法工作的组织协调，发挥在立法中的主导作用。

三是人大代表认真履行职责。在《曲靖市人民代表大会及其常务委员会立法条例》制定过程中，2017年1月11日，代表对条例草案（修改稿）第二章第一节提出细化要求，提出地方性法规在经过三次审议以后，还应设置搁置审议制度。2017年1月13日，曲靖市人民代表大会代表对条例草案（修改稿）第74条、70条2款、78条以及个别文字修改提出修改意见。

2. 立法工作依照法定权限和程序开展

《曲靖市人民代表大会及其常务委员会立法条例》依职权制定，程序合法。于2017年3月31日经云南省第十二届人民代表大会常务委员会第三十三次会议批准，2017年4月18日公布施行。在该条例中，明确规定了地方性法规报批和公布的要求以及市人民政府规章备案审查的的要求。

3. 公众参与立法的制度机制基本健全并得到落实

《曲靖市人民代表大会及其常务委员会立法条例》对地方性法规制定过程中立法项目和法规草案听证、论证、专家咨询、第三方评估、公开征集征求公众意见，及公众意见采纳情况、反馈等制度有明确规定。对涉及人民群众切身利益的地方性法规及草案内容和新设定的行政许可，设置了须向社会公开征求意见的机制；对涉及重大利害关系的地方性法规草案同样设置了须进行听证的要求。公众参与地方性法规制定的制度机制已经基本健全。

2016年11月8日，曲靖市人大常委会关于征求《曲靖市人民代表大会及其常务委员会立法条例（草案）》意见建议（同时公布了《曲靖市人民代表大会及其常务委员会立法条例（草案）》）在曲靖市人大网、珠江网全文向社会公布，公开向社会征求意见建议。2016 年 9 月 26 日，曲靖市人大常委会召开《曲靖市制定地方性法规条例》（征求意见稿）立法调研座谈会，向专家和市直相关单位征求修改意见。2016 年 10 月 13 日下午，曲靖市人大召开《曲靖市制定地方性法规条例（草案建议修改稿）》立法座谈会。就条例草案建议修改稿的框架结构、文本措辞，以及文本中的立法准备、立法程序、编制立法项目库、法规的报批等内容进行了座谈讨论。2017 年 4 月 7 日，曲靖市人民政府法制办公室，公布《曲靖市人民政府立法程序规定 (草案)》，公开向社会征求意见。2017 年 6 月 12 日，曲靖市人民政府法制办公室公布《云南会泽黑颈鹤国家级自然保护区管理办法（草案）》(送审稿)，公开向社会征求意见。

二、地方立法质量得到提升

1. 地方性法规制定取得突破

根据《云南省人民代表大会常务委员会关于确定昭通等七州市人民代表大会及其常务委员会开始制定地方性法规时间的决定》，确定曲靖市 2016 年 3 月 1 日起开始行使地方立法权。《曲靖市人民代表大会及其常务委员会立法条例》于 2017 年 4 月 18 日公布施行，使曲靖市地方性法规制定取得了零的突破，也为规范曲靖市地方性法规的制定，提高立法质量奠定了坚实的基础。

2. 立法规划（计划）的制定有序开展

曲靖市人大常委会 2017 年立法计划的报批项目为《曲靖市人民代表大会及其常务委员会立法条例》，审议项目为《曲靖市建设工程施工现场管理条例》，调研项目为《曲靖市城市供水管理办法》《曲靖市非物质文化遗产管理条例》。目前，曲靖市人大常委会《2018—2022 年五年立法规划和 2018 年立法计划建议项目》(调研论证稿) 已经完成，正在有序开展立法调研座谈会等工作，对立法建议项目的可行性、必要性等进行论证。

三、法律法规实施监督机制基本建立

1. 按计划开展执法检查

根据《曲靖市人大常委会 2017 年工作要点》的安排，曲靖市人大常委会 2017 年要对《国务院农药管理条例》《云南省曲靖市城市管理条例》《云南省学前教育条例》贯彻执行情况进行执法检查。2017年 6 月 6 日，曲靖市人大常委会到罗平县检查《云南省曲靖市城市管理条例》贯彻实施情况；2017 年 6 月 5 日，检查组到师宗县检查《云南省曲靖城市管理条例》贯彻实施情况；2017 年 3 月 20 日至 24 日，曲靖市人大常委会两个调查组，分别先后到会泽、马龙、宣威和富源四个县（市）的药厂、药品批发公司、药品仓库、县、乡医疗机构、药店等地进行了调查。

2. 地方性法规立法后评估、定期清理、修订、废止机制健全

《曲靖市人民代表大会及其常务委员会立法条例》第五章明确规定市人大常委会、市人大常委会工作机构和有关部门、单位应当对地方性法规进行定期清理，发现法规内容与法律、行政法规、省地方性法规相抵触的，或者与现实情况不适应的，应当提出修改和废止的建议。地方性法规施行满二年的，实施法规的部门应当向市人大常委会书面报告法规的实施情况。市人大常委会有关专门委员会、市人大常委会工作机构可以组织或者委托第三方对有关地方性法规及其有关规定进行立法后评估等制度。

第三节　存在的主要问题

1. 立法进程需要加快

通过与其他同时获得立法权的州市相比较可以发现，曲靖市地方立法进程居于中游水平，落后于玉溪、文山，未能在城乡建设与管

理、环境保护、历史文化保护方面取得其他立法成果，与曲靖市改革发展及地方经济社会发展的要求不相协调，需要进一步加快立法进程。具体参见表3－3。

表3－3 云南省首批获得立法权的7个州市立法情况统计表

州市	立法情况
曲靖	2017 年 4 月 18 日，《曲靖市人民代表大会及其常务委员会立法条例》公布实施； 《曲靖市建设工程施工现场管理条例》未进入审议； 《曲靖市人民政府立法程序规定 (草案)》正在制定中； 《会泽黑颈鹤国家级自然保护区管理办法》尚未出台。
昭通	2017 年立法计划 :《昭通市人民代表大会及其常务委员会制定地方性法规条例》《昭通市城市管理条例》
玉溪	2017 年 6 月 1 日起施行《玉溪市新平哀牢山县级自然保护区条例》； 2016 年 9 月 29 日起施行《玉溪市抚仙湖保护条例（修正）》； 2017 年 7 月 1 日起施行《云南省澄江化石地世界自然遗产保护条例》； 2017 年，《玉溪市城镇绿化条例》立法工作启动。
保山	2016 年 7 月 22 日向全市公开征集 2017-2021 年立法建议项目，2017 年工作报告中 :"《保山市昌宁田园城市保护条例》立法工作稳步推进"。
文山	2016 年 9 月 1 日起施行《云南省文山壮族苗族自治州文山国家级自然保护区管理条例》； 2016 年 10 月 1 日施行《云南省文山壮族苗族自治州广南坝美旅游区管理条例》； 2016 年 12 月 1 日施行《文山壮族苗族自治州河道管理条例》。
丽江	启动制定《丽江市丽江古城保护管理条例》《丽江市纳西族东巴文化保护条例》
临沧	2016 年 12 月 1 日起施行《临沧市古茶树保护条例》； 《临沧市南汀河保护管理条例》正在制定中。

特别是取得立法权以来，曲靖市人民政府在规章制定方面尚未取得突破，《曲靖市人民政府立法程序规定》没有与人大立法条例同步通过实施，导致地方性法规与地方性规章的制定未能均衡发展，也在

总体上影响了曲靖市地方立法的进度和水平。

2. 缺乏创制性立法

创制性立法是指立法主体根据宪法或者有关组织法规定的职权或特别法律法规的授权，就法律法规尚未规定的事项而创制新的法律规范的活动。截至 2017 年 8 月，曲靖市在城乡建设与管理、环境保护、历史文化保护等方面还没有创制性立法。

3. 立法协商机制需要进一步健全落实

2016 年 7 月 21 日，《中共曲靖市委关于加强社会主义协商民主建设的实施意见》明确提出："深入开展立法协商"，并要求建立健全相关制度机制。目前，曲靖市在"开展立法协商"方面的机制已经基本建立，但尚未达到该《实施意见》的要求，需要进一步健全和完善。

4. 立法过程中群众参与度不高

曲靖市人大常委会就《曲靖市人民代表大会及其常务委员会立法条例（草案）》公开征求意见建议，共收到意见建议 50 余条，采纳 20 余条。在《曲靖市人民政府立法程序规定 (草案)》《云南会泽黑颈鹤国家级自然保护区管理办法（草案）》(送审稿) 公开向社会征求意见中，则未收到任何意见建议。项目组据此认为，地方立法中公众参与度与指标体系所列要求有一定差距。

5. 立法能力有待提高

一是缺乏立法人才储备。曲靖市地处西部，难以吸引更多优秀法律专业人才。以法学博士为例，目前曲靖市仅有法学博士 1 名 ❶，6 名在读（曲靖师范学院 4 名，曲靖市中级人民法院 1 名，富源县人民法院 1 名）。

二是缺乏立法实践经验。由于取得立法权的时间短，欠缺立法实践，曲靖市法官、检察官、职业律师、法学教师也一样缺乏参与立法的经验。

三是区域性立法资源整合度不高。目前尚未能够对立法资源进行

---

❶ 这里所指的是法学专业类博士，不包括其他学科取得法学博士学位的人员。

有效整合，导致曲靖市人民代表大会、人大常委会和曲靖市人民政府在制定地方性法规和规章时只能依靠少数人员，显得捉襟见肘，成为制约地方立法能力和水平的重要因素。

第四节 完善的建议

1. 加快立法进程，提高立法效率

一是根据需要，尽快在城乡建设与管理、环境保护、历史文化保护等方面进行立法必要性和可行性调研，争取获得突破。

二是尽快通过实施《曲靖市人民政府立法程序规定》，使曲靖市在地方性规章制定上取得突破，为曲靖市将来的地方性规章制定奠定科学规范的基础。

三是尽快建立完善立法调研、专家论证、公开征求意见建议、审议等工作机制以及党委、政府、人大常委会之间的工作衔接机制，提高立法效率。

四是尽快建立人大代表参与立法的工作机制。为了充分发挥人大代表在立法工作中的主体作用，应尽快建立健全人大代表参与立法调研、论证、评估和审议工作机制，将人大代表按照行业、专业进行分类，立法调研、论证、听证、评估等立法活动邀请熟悉情况的代表参与。

2. 稳步推动创制性立法的制定

创制性立法难度较高，应采取谨慎的态度稳步推进，不能"为立法而立法"，要在立法前对立法的紧迫性、必要性、可行性以及立法的实施后果进行充分的论证，科学的评估；在立法中对立法主体、立法权限、立法内容、法律责任进行严格的合法性审查；在立法后及时对立法的实施效果进行追踪和评价，才能保证立法成果不会因缺乏科学性而无法实施或者实施后果与立法预期相悖。

3. 进一步健全完善立法协商制度机制

为进一步推动立法协商，充分发挥协商民主在立法中的功能，需要进一步按照《中共曲靖市委关于加强社会主义协商民主建设的实施意见》的要求，建立重要法规草案由党委组织与各民主党派协商的制度。建立市人大常委会与人民政府重大立法事项沟通机制，健全市人大法制委、市人大常委会法工委与市政府法制办与市政协社会和法制委员会立法协商机制，健全法规草案起草协调机制，加强人大专门委员会与相关方面的沟通协商。

4. 广泛调动群众参与立法的积极性

一是要加强立法工作宣传力度，使人民群众充分了解立法背景、立法过程、立法的目的以及立法内容，让人民群众切实感受到立法与自己的生活具有相关性，进而产生积极提供意见建议的动力。

二是建立对意见建议及时反馈的机制，对于人民群众、特别是特殊群体的意见建议的处理结果要及时进行反馈，对于不予采纳的，应该说明理由，让人民群众感受到尊重，激发群众参与热情。

三是拓宽群众参与渠道，除了网络征求之外，通过调查问卷、访谈等方式征求意见建议。

5. 不断提升立法能力

一是按照《曲靖市人大常委会立法咨询专家库管理办法》《曲靖市人大常委会基层立法联系点工作规定》的要求，充分发挥"立法咨询专家库"及"基层立法联系点"的功能，大力整合本土资源、拓展立法意见建议来源。

二是创新人才引进机制。通过为高端立法人才提供相应的物质保障、优越的工作环境和研究条件，吸引具有现代法治思维、具有较高理论和实践水平的人才到本地工作。

三是不断提高本土人才素养。有计划的安排参与立法工作的工作人员、人大代表、咨询专家、基层立法联系点负责人到全国人大常委会、国内一流法学院进修和培训，到先进地区进行交流学习，或者参加相关学术研讨会，不断提高立法能力和水平。

四是进一步完善"借智"机制。比如通过引入客座教授，有针对性的布置研究课题等方式，吸收更多外地专家助力曲靖立法。

第四章 依 法 行 政

依法行政、建设法治政府是全面推进法治建设的关键环节。中共中央、国务院《法治政府建设实施纲要（2015－2010年）》将政府职能全面履行、依法行政制度体系完备、行政决策科学民主合法、宪法法律严格公正实施、行政权利运行规范透明、人民权益切实有效保障、依法行政能力普遍提高作为其衡量标准。通过本次评估，能够看出曲靖市在法治政府建设方面做了很多工作，也取得一定的成绩。但法治政府建设是一个系统工程，需要从全面推进依法治市的角度去正确面对存在的问题，不断补齐短板，努力提高法治政府建设水平。

第一节 评估指标体系及得分

一、评估指标体系

本次评估"依法行政"一级指标之下共设置9个二级指标，18个三级指标，31个观测点，并对观测点赋予相应的分值。具体内容参见表4－1。

表4－1　依法行政指标体系

一级指标	二级指标	三级指标		观测点	评分标准
依法行政（25分）	法治政府建设规划全面实施和推进落实（2分）	1	法治政府建设规划组织保障有力、落实机制健全。（2分）	（1）第一季度公布上一年度法治政府建设的情况报告。（0.5分）	公布，不扣分；未公布，得0分。
				（2）政府常务会议至少有两次专题研究法治政府建设议题。（0.5分）	召开，不扣分；未召开，得0分。
				（3）市政府依法行政考核工作情况。（0.5分）	考核工作开展，不扣分；未开展，的0分。
				（4）独立法治机构设立情况。（0.5分）	设置的，不扣分；未设置的，按比例扣分。
	政府职责权限依法确定（2分）	2	政府及部门职责权限清晰合理，机构编制调整不突破政府机构限额和行政编制总额，事业单位分类改革统筹推进。公布行政权力清单、责任清单并实行动态调整。（2分）	（1）机构编制调整情况。（0.5分）	机构编制调整突破政府机构限额和行政编制总额，得0分；不存在，不扣分。
				（2）事业单位分类改革情况。（0.5分）	依据项目组评价的结果打分。
				（3）市政府职能部门行政权力清单、负面清单、责任清单及动态调整情况。（1分）	依据项目组评价的结果打分。

续表

一级指标	二级指标		三级指标	观测点	评分标准
依法行政（25分）	政府职能转变到位2分	3	精简行政审批事项，行政管理重心由事前审批向事中事后监管转移。正确处理政府与市场、政府与社会、政府层级间的关系，实现中介机构与政府部门脱钩。政府向社会力量购买服务机制健全，凡属事务性管理服务，原则上引入竞争机制，通过合同、委托等方式向社会购买。（2分）	（1）市政府职能部门精简行政审批事项情况。（1分）	依据项目组评价的结果打分。
				（2）中介机构与政府部门脱钩情况。（0.5分）	中介机构与政府部门脱钩，不扣分；脱钩不彻底的，根据具体数量进行扣分。
				（3）向社会购买服务情况。（0.5分）	政府向社会购买服务的机制未建立的，得0分；机制已经建立的，不扣分。
	规范性文件制定和备案合法、规范（1分）	4	起草行政规范性文件进行必要性和可行性论证并广泛征求意见，出台前经政府或部门法制机构合法性审查。行政规范性文件有效期明确，不得设定行政许可、行政处罚、行政强制、行政事业性收费等内容，按规定报送备案。对行政规范性文件进行定期清理，及时修改或废止。（1分）	（1）市政府职能部门行政规范性文件起草、合法性论证、征求意见、合法性审查情况。（0.5分）	行政规范性文件起草、合法性论证、征求意见、合法性审查机制未建立，得0分；未严格实施的，扣0.3分；机制建立并严格实施的，不扣分。
				（2）备案、清理、修改、废止情况。（0.5分）	曲靖市主要规范性文件的备案、清理、修改、废止工作开展并取得成效的，不扣分；未开展的，得0分。

一级指标	二级指标		三级指标	观测点	评分标准
依法行政（25分）	政府依法决策机制健全（4分）	5	涉及群众切身利益的重大决策事项，向社会公开征求意见。重大、疑难和专业性强的决策事项，开展专家咨询论证。涉及重大公共利益、可能产生重大分歧的决策事项，组织听证。行政决策事项在报请政府常务会议审议前经政府法制机构合法性审查。重大行政决策经社会稳定风险评估后，由政府常务会议或部门领导班子会议集体讨论决定。（2分）	（1）政府决策前向社会公开征求意见情况、开展专家咨询论证情况、政府法制机构合法性审查情况。（1分）	机制建立并有效落实，不扣分；机制建立，落实效果差，根据评价结果打分；机制未建立,得0分。
				（2）重大行政决策社会稳定风险评估情况，是否由政府常务会议集体讨论决定？（1分）	机制建立并有效落实，不扣分；机制建立，落实效果差，根据评价结果打分；机制未建立,得0分。
		6	法律顾问制度健全并有效运行。（1分）	法律顾问制度建设及运行情况。（1分）	依据项目组评价的结果打分。
		7	重大决策责任终身负责制建立完善，重大决策评估论证、跟踪反馈及责任倒查制度严格落实。（1分）	重大决策责任终身负责制建、重大决策评估论证、跟踪反馈及责任倒查制度及落实情况。（1分）	制度及工作机制建立的，不扣分；建立制度，未建立具体工作机制的，扣0.5分；都未建立的，得0分
	行政执法机制完善（4分）	8	行政执法权限依法界定，执法重心下移。推行综合执法试点和相对集中处罚权工作。1分	行政执法权限依法界定，执法重心下移。推行综合执法试点和相对集中处罚权工作。（1分）	依据项目组评价的结果打分。

续 表

一级指标	二级指标		三级指标	观测点	评分标准
依法行政（25分）	行政执法机制完善（4分）	9	行政执法人员资格管理和持证上岗制度严格落实，平时考核制度建立实施。（1分）	重点执法部门行政执法人员资格及持证上岗情况，考核制度实施情况。（1分）	通过项目组查询，不存在行政执法人员不符合资格以及未持证上岗的，不扣分；存在的，得0分。
		10	制定并细化、量化行政执法裁量标准。建立并落实行政执法裁量权案例指导制度。（1分）	重点执法部门制定并细化、量化行政执法裁量标准情况。（1分）	查询重点执法部门是否制定并公布，根据公布比例计算出最终得分。
		11	建立并落实行政执法协作机制，实现行政执法机关信息交流和资源共享。行政执法与刑事司法衔接工作机制健全并有效运行。行政执法责任制落实。行政执法保障机制完善。（1分）	行政执法机关与公安机关行政执法协作制度及落实情况。行政执法机关与公安机关刑事司法衔接情况。行政执法责任制、保障机制完善情况。（1分）	依据项目组评价的结果打分。

续 表

一级指标	二级指标		三级指标	观测点	评分标准
依法行政（25分）	行政执法行为严格规范（3分）	12	无行政不作为、慢作为、乱作为、滥作为行为发生。行政执法公开、亮证、告知、听证、说明理由、回避等程序规定全面落实。行政执法流程细化，立案、调查、决定、执行等环节相对分离。处理违法行为的手段和措施适当、适度。（2分）	（1）无行政不作为、慢作为、乱作为、滥作为行为发生。（1分）	根据查询结果，存在不作为、慢作为、乱作为、滥作为行为比例较大，得0分；不存在的，不扣分。
				（2）查看市政府法制办案卷评查结果。（1分）	根据市政府法制办案卷评查的结果，不合格率在10%以下的，不扣分；不合格率超过10%，不足30%的，扣0.4分，不合格率超过30%，不足50%的，扣0.5分；不合格率超过50%的，得0分。
		13	行政执法责任制和执法评议考核制全面落实。	行政执法责任制和执法评议考核情况。	两项均进行的，不扣分；进行其中一项，扣0.5分；均未进行，得0分。
	行政权力制约和监督有效（5分）	14	接受人大法律监督和工作监督，人大代表的建议、批评和意见按照法定期限办结。政协民主监督得到加强，政协委员提案及时办理。接受上级行政机关的监督。接受舆论和社会公众监督。	政府接受人大、人大代表、政协、政协委员、上级机关、舆论和社会监督情况。（1分）	查询曲靖市政府办结人大代表议案、建议、政协提案的情况，办理面商率、答复率、满意率达不到90%，得0分；达到90%以上，每高1个百分点得0.1分，100%的，不扣分。

续 表

一级指标	二级指标		三级指标	观测点	评分标准
依法行政（25分）	行政权力制约和监督有效（5分）	15	行政复议制度机制健全。行政执法案卷评查制度、行政机关负责人出庭应诉制度全面实施。自觉履行生效判决和裁定，落实司法建议。	（1）行政复议制度机制健全程度。（0.5分）	依据项目组评价的结果打分。
				（2）行政执法案卷评查情况。（0.5分）	开展的，不扣分；未开展，得0分。
				（3）行政机关负责人出庭应诉情况。（0.5分）	负责人出庭应诉率达不到90%，得0分；超过90%以上，每高2个百分点得0.1分，100%的，不扣分。
				（4）行政机关履行生效判决、落实司法建议情况。（0.5分）	不存在行政机关不履行生效判决、不落实司法建议的，不扣分；存在的，得0分。
		16	审计机关依法独立行使审计监督权得到保障,公共资金、国有资产、国有资源和领领导干部履行经济责任情况审计全覆盖。（1分）	审计机关依法独立行使审计监督权得到保障，公共资金、国有资产、国有资源和领领导干部履行经济责任情况审计全覆盖。（1分）	实现全覆盖，不扣分；未实现，得0分。

续　表

一级指标	二级指标		三级指标	观测点	评分标准
依法行政（25分）	政务公开全面推进2分	17	政府信息公开机制健全，行政执法公示制度全面推行。（1分）	重点执法部门行政执法公示情况。（1分）	通过对重点执法部门"是否设置行政执法信息公示栏目""行政执法主体是否公示""行政执法人员是否公示""行政执法案件是否公示""行政处罚案件中是否具有明确的处罚内容"五项指标进行检索，根据统计结果给出得分。
		18	政务信息依法公开，涉及公民、法人或组织权力义务的规范性文件按要求予以公布。	规范性文件公布情况。（0.5分）	查看曲靖市政府以及职能部门规范性文件是否公开，未公开，得0分；已经公开的，按照评价结果评分。

二、得分情况

　　本项评估的总分25分，评估得分17.5分，得分率为70%。9个二级指标中，得分率最高的为100%，最低的为33.3%；共有6个二级指标的得分率达到或超过本项评估的得分率，3个二级指标得分率未达到及格线。18个三级指标中，得分率最高的为100%；得分率最低的为0；共有11个三级指标得分率达到或超过本项评估的得分率，但也有6个三级指标的得分率未达到及格线。具体参见表4—2。

表4-2　依法行政得分、得分率统计表

二级指标	满分	得分	得分率	三级指标满分	得分	得分率
法治政府建设规划全面实施和推进落实	2	1.8	90%	2	1.8	90%
政府职责权限依法确定	2	1.5	75%	2	1.5	75%
政府职能转变到位	2	2	100%	2	2	100%
规范性文件制定和备案合法	1	0.7	70%	1	0.7	70%
政府依法决策机制健全	4	2.8	70%	2	1.5	75%
				1	0.8	80%
				1	0.5	50%
行政执法机制完善	4	2.3	57.5%	1	0.8	80%
				1	1	100%
				1	0	0
				1	0.5	50%
行政执法行为严格规范	3	1	33.3%	2	0.5	25%
				1	0.5	50%
行政权力制约和监督有效	5	4.5	90%	2	2	100%
				2	1.5	75%
				1	1	100%
政务公开全面推进	2	0.9	45%	1	0.2	20%
				1	0.7	70%

第二节   依法行政工作取得的主要成效

一、法治政府建设规划组织有保障

一是注重对上一年度法治政府建设情况进行全方位的总结。2017年4月7日在曲靖市政府法制网上公布了《关于曲靖市2016年度法治政府建设情况的报告》。

二是曲靖市人民政府常务会议多次研究法治政府建设工作，2017年4月19日，曲靖市第四届人民政府第六十一次（2017年度第3次）常务会议专题研究法治政府建设工作。

三是加强依法行政考核。2017年1月16日至22日，市委、市政府组成10个综合考核组，对9个县（市、区）和30余个行政机关2016年度依法行政工作进行了考核。

四是曲靖市人民政府独立设置法制办，体现出曲靖市委、政府对法治政府建设和依法行政工作的重视。

二、政府职责权限进一步依法确定

一是机构编制调整未突破限额。在最近的2013年机构编制调整中，未突破政府机构限额和行政编制总额，曲靖市政府现设32个工作部门。

二是事业单位分类改革稳步推进。2016年曲靖市委编办对市政府、市政府办、市政府职能部门、中级人民法院下设事业单位承担的职能以及法律法规依据进行了规范清理。2017年《承担行政职能事业单位改革试点方案》已经上报省政府，等待批准。

三是市政府职能部门权责清单公布取得突破。根据项目组检索的结果，2016年之前，曲靖市没有任何一个职能部门公布权责清单。2016年1月13日，曲靖机构编制网通过《曲靖市人民政府行政审批制度改革办公室关于公布市发改委等 42 个政府部门权力清单和责任清单的公告》，具体公布了 46 个市级政府部门的权责清单和县乡两级政府部门权责清单。2017 年 7 月 18 日，曲靖市发改委出台了《关于全市企业投资项目实行负面清单管理的意见》，明确了 417 项禁止准入类项目和 37 项禁止外商投资产业，明确了 82 项核准准入类项目，清单里标明了政府列出禁止和限制进入的行业、领域和项目，明确公布清单之外的领域都可以自由进入。曲靖市食品药品监督管理局、曲靖市国土资源局、曲靖市质量技术监督管理局、曲靖市人力资源与社会保障局、曲靖市林业局也都在官网公布了本部门的权责清单。

三、政府职能转变不断推进

一是政府职能部门精简行政审批事项呈递减趋势。项目组调阅了 2013 年至 2017 年政府职能部门精简行政审批事项的相关数据，数据显示政府职能一直致力于精简审批事项。❶目前，曲靖市市级保留实施行政审批事项 250 项、服务事项 220 项，全部事项都通过市政务服务中心实体大厅和网上服务大厅，公开了事项的名称、设立依据、办理条件、办理程序、法定时限、承诺时限、收费标准、申请材料等，接受社会监督。2016 年 7 月 25 日，曲靖市人民政府印发《关于进一步转变政府职能加强事中事后监管工作的意见》，从总体要求、监管措施、保障措施三个方面进行了明确规定。

二是政府与中介机构脱钩有序推进。2016 年 4 月，曲靖市在原中介机构管理服务中心的基础上，建成了以"网络为主、实体为辅"的市级投资审批中介超市，9 个县（市、区）也相继建成了本级投资审批中介超市，将使用财政性资金或国有资金 100 万元以下购买的投资审批中介服务纳入中介超市公开选取。2017 年 5 月 30 日，曲靖市中

---

❶ 2013 年取消和调整行政审批事项 120 项，2014 年取消和调整行政审批事项 9 项，2015 年全面取消非行政许可事项。2016 年分两批次取消市级行政许可项目 11 项，2017 年取消市级行政许可项目 1 项，承接省级行政许可项目 20 项。

介机构管理服务中心正式启动，基本实现中介机构与政府部门脱钩。

三是政府向社会购买服务的方案逐步落实。2016 年 10 月 12 日，曲靖市人民政府办公室发布《关于推进政府购买服务的实施意见》对"政府购买服务的总体要求""政府购买服务机制""政府购买服务的保障与监督"提出实施意见。2016 年 8 月 24 日，曲靖市第四届人民代表大会常务委员会第二十七次会议决定，批准《曲靖市人民政府关于政府向社会购买服务有关事项的议案》，同意市人民政府购买曲陆高速公路改扩建征地拆迁项目社会服务。2016 年 12 月 22 日，曲靖市第四届人民代表大会常务委员会第三十次会议决定，批准《曲靖市人民政府关于师宗县天生桥水库等 3 个水利项目政府购买服务合同资金列入政府采购的议案》，同意市人民政府采用政府购买服务方式将购买服务所需资金纳入市级政府采购管理。

四、行政规范性文件起草、审查、清理逐渐规范

一是起草行政规范性文件的主体明确。2017 年 1 月 13 日，曲靖市人民政府办公室发布《关于公布第一批市级行政机关规范性文件制定主体的通知》，确定 47 个单位为"全市第一批市级行政机关规范性文件制定主体"。并明确规定："除本通知公布的制定主体之外的其他市级单位、机构（包括各类临时机构、议事协调机构及其办公室，部门管理的机构、内设机构、派出机构、受行政机关依法委托的行政执法机构）均不得以本单位、本机构的名义制发规范性文件，其职责范围内事项确实需要制定规范性文件的，应当报请其主管部门制发。"

二是按要求报备。市人民政府制定的规范性文件，需要向市人民代表大会常务会员会报备；县（市、区）人民政府以及市政府职能部门制定的规范性文件，需要向市人民政府报备。2016 年，市政府向市人大常委会报备《曲靖市市级排污费环境保护专项资金管理办法（试行）》《曲靖市企业信用信息归集和使用管理办法（试行）》《曲靖市拒服兵役行为处罚实施办法》《曲靖市农村公益性公墓管理办法》等 4

件，报备率为 100%。县市区政府以及市政府职能部门向市政府报请登记备案的规范性文件共计 26 件，其中富源县 4 件，会泽县 14 件，师宗县 2 件，沾益区 2 件，宣威市 1 件，市地税局 3 件，登记备案率为 100%。

为进一步提升行政机关规范性文件备案审查工作信息化水平，提高备案审查效率，推动"互联网＋法治政府"工作，曲靖市接入省政府法制办研发的规范性文件报送登记备案系统。从 2017 年 1 月 1 日实现规范性文件登记备案网上报送。目前为止，系统调试及人员培训全部结束，工作进展顺利。

三是清理、修改、废止基本到位。2016 年，曲靖市完成三项清理，一是对《曲靖市人民政府关于公共资源交易中心建设的实施意见》《曲靖市公共资源交易中心交易项目报备制度实施办法（试行）》《曲靖市人民政府办公室关于加强全市公共资源交易监督管理工作的通知》《曲靖市县（市、区）公共资源交易中心信息化建设指导意见》进行审查、清理。二是对《曲靖市建设工程招标投标管理试行办法》《曲靖市房屋建筑和市政基础设施工程施工招标投标资格审查办法》等在内的 30 件招投标文件进行清理。三是对《罗平（江底）至石林一级公路收取车辆通行费实施办法》《曲靖市城市建设工程规划验收管理办法》《曲靖市城市规划管理技术规定》3 件规范性文件进行修改和完善。

2017 年 06 月 20 日，曲靖市人民政府发布《关于公布废止、单件修改和继续有效公共资源交易规则文件目录的决定》，废止了《曲靖市人民政府办公室关于印发＜曲靖市公共资源交易中心交易项目报备制度实施办法（试行）的通知》等四件规范性文件，对《曲靖市土地储备管理办法》等三件进行单件修改，确定《曲靖市建设工程招标投标管理试行办法》等 10 件继续有效。

五、政府依法决策机制基本健全

1. 重大决策程序逐渐完善

为完善政府重大决策机制，2017 年 4 月 19 日经曲靖市第四届人民政府第六十一次（2017 年度第 3 次）常务会议研究通过《曲靖市人民政府重大行政决策程序规定》，对重大决策"向社会公开征求意见""开展专家咨询论证""合法性审查"的要求做出了明确规定，并规定"未公开征求意见的""应当进行专家论证的重大行政决策事项，未经专家论证的""未经市人民政府法制部门审查或者审查认为不合法的"不得提交市人民政府讨论决定。同时，完成《曲靖市重大行政决策合法性审查专家库管理办法》和《曲靖市人民政府法制办公室关于建立重大行政决策合法性审查专家库的工作方案》，建立了专家库，公布"曲靖市人民政府重大决策听证流程图"，依法决策机制已经建立健全。

2. 政府法律顾问制度逐步规范

按照党的十八届三中全会关于"普遍建立政府法律顾问制度"的意见和十八届四中全会"积极推行政府法律顾问制度，建立政府法制机构人员为主体、吸收专家和律师参加的法律顾问队伍，保证法律顾问在制定重大行政决策、推进依法行政中发挥积极作用"的要求，曲靖市政府法律顾问制度工作取得阶段性成果，逐步进入规范化轨道。2017 年 5 月 23 日，曲靖市政府聘任了 15 名市政府法律顾问；除审计局、商务局外，市政府 32 个政府工作部门有 30 个聘请了法律顾问；9个县（市、区）人民政府均聘请了法律顾问。

六、行政执法机制逐渐完善

1. 综合执法和相对集中处罚权改革有序推进

一是在推行综合执法试点上，2015 年 6 月市政府批准全市所有县市区实行城市管理综合执法。2016 年年底，以麒麟区城市管理综合执法为样板，进一步完善和规范了各县（市、区）城市管理综合执法工作。2017年，经省委编办批准，陆良县被列为全省129个县（市、区）中唯一一个城市管理综合行政执法体制改革的县级试点县。二是在相对集中处罚权工作上，2016年，《曲靖市文化市场综合行政执法工作方案》实施，2017年准备报批《曲靖市卫生计生行政执法工作方案》。

2. 行政执法人员资格管理和持证上岗制度基本落实

执法资格涉及到执法主体的资格以及执法人员的资格两个方面，曲靖市经过清理，全市共确认行政执法主体424个，其中法定行政机关319个，法律法规授权执法组织64个，综合行政执法机构13个，委托执法组织28个。全市各级行政执法组织共有执法人员19 283人，全部持证上岗。其中，持有《云南省行政执法证》人员14 086人，持有国务院部委执法证件人员2370人，同时持有两证的执法人员428人。在调研过程中，没有发现不持证上岗的情况。

3. 建立和落实行政执法协作机制、行政执法和刑事司法衔接工作机制的工作逐步开展

根据云南省人民政府法制办公室《关于进一步加强行政执法与刑事司法衔接信息共享平台建设工作的通知》的要求，2017年7月31日，中国曲靖市委办公室、曲靖市人民政府办公室印发《深入推进城市执法体制改革改进城市管理工作的实施方案》，明确提出要持续推进司法衔接，建立城市管理部门与公安机关、检察机关、审判机关信息共享、案情通报、案件移送等制度，实现行政处罚与刑事处罚无缝对接。近年来，部分县市进行了有益的尝试，比如宣威市、陆良县、富源县、罗平县开展行政执法与刑事司法衔接工作，初步建立"两法衔接"信息平台。

七、行政执法行为逐渐规范

1. 行政执法程序逐渐规范

从市政府法制办案卷评查的情况看，行政执法中亮证、告知、听证、说明理由、回避等程序规定基本得到落实，基本做到行政执法流程细化，立案、调查、决定、执行等环节相对分离，多数案件中处理违法行为的手段和措施能够做到适当、适度。

2. 行政执法责任制部分建立

曲靖市政府出台《曲靖市食品药品安全监督管理工作约谈及问责办法（试行）》；曲靖市公安局出台《曲靖市公安局执法过错责任追究办法》。2017 年 7 月 31 日，中国曲靖市委办公室、曲靖市人民政府办公室印发《深入推进城市执法体制改革改进城市管理工作的实施方案》明确要求加快建立城市管理行政问责制度，要求在 2017 年底前建立问责考评机制。

八、行政权力制约和监督成效明显

1. 行政权力自觉接受人大、政协、社会监督

2016 年，曲靖市政府办结 157 件人大代表议案、建议，320 件政协提案，办理面商率、答复率、满意率为 100%，能够自觉接受人大监督、政协监督。在行政监督和社会监督方面，也没有发现不接受监督的情形。

曲靖市住房和城乡建设局网站"政策法规—其他"栏目上公布了 40 件"市政协第四届四次会议提案办理意见的函"、1 件"对政协云南省十一届四次会议第 660 号提案的回复"，公布了 19 件"市四届人大第五次会议建议办理意见的函"，均已经办结。

2. 行政复议制度逐渐规范，行政执法案卷评查制度全面实施

一是行政复议逐渐实现规范化。行政复议基础不断得到强化，专兼职行政复议人员和行政复议听证室得到落实，行政复议受理窗口建设得到加强；行政复议案件办理的公开度和透明度不断提高；行政复议案件审理逐步规范，不断优化案件办理流程，简易程序和一般程序依法适用；加强复议机构和复议人员队伍建设；加强对行政复议的指

导和监督，把行政复议规范化建设纳入全市依法行政考核范畴。市政府法制办起草了《关于进一步加强和改进行政复议行政应诉工作的实施意见》，进一步加强行政复议规范化建设。

二是案卷评查制度全面实施。（1）市政府法制办抽取了市环保局、市安监局、市公安局、陆良市场管理局、麒麟区城市综合执法局行政处罚、行政许可各 22 件进行评查；（2）曲靖市食品药品监督管理局等重点执法部门在本系统内组织进行了案件评查工作。

3. 审计机关依法独立行使审计监督权得到保障

2016 年 11 月，曲靖市人民政府印发了《曲靖市实行审计全覆盖实施方案》对积极推动全市实现"有深度、有重点、有步骤、有成效"的审计监督全覆盖作出安排部署，要求做到应审尽审、凡审必严、严肃问责。2016 年度共完成审计项目 806 个，查出违规金额 5.3 亿元，促进增收节支 4.2 亿元，核减工程投资 13.9 亿元。在落实审计独立方面，机制健全，落实到位。

九、政务公开不断推进

1. 行政执法公示进步明显

一是公示要求逐步规范。2017 年 4 月 18 日，曲靖市人民政府办公室《关于全面推行行政执法公示制度的通知》，要求各级行政执法机关要在门户网站的醒目位置设立"行政执法信息公示"栏目，主动公开各类执法信息；明确行政执法公示的主体为法定的行政执法机关、法律法规授权的具有管理公共事务职能的组织、依法受行政执法机关委托从事行政执法活动的事业单位或组织、批准实行综合行政执法的机关或相对集中行政处罚权的机关；明确行政执法公示的具体内容，列举了行政许可、行政处罚、行政强制、行政征收、行政收费、行政检查等应当公开的 18 项行政执法行为。

二是公示力度逐渐加大。根据项目组检索的情况，曲靖市重点执法部门 2017 年在行政执法公示方面进步明显。如曲靖市食品药品监督管理局在官网"执法公示"栏目下于 2017 年 4 月 27 日公示了"2017 行政处罚信息公示（第一期）"一个案件，2016 行政处罚信息公示（第三期）4 个案件，2016 行政处罚信息公示（第二季度）7 个案件，2016 行政处罚信息公示（第一季度）2 个案件，公布内容中包括处罚内容。曲靖市国家税务局信息公开频道"信息公开"栏目下设"重大税收违法案件公告""行政许可和行政处罚公示"两个子栏目，按月对案件信息进行公示。曲靖市地方税务局在"税收违法案件公告"栏目中以"EXCEL"文件的方式公告了 2016 年 4 月至 6 月，2017 年 1 月至 6 月的税收违法案件，包括主要违法事实、适用相关法律依据、税务行政处罚情况等内容。曲靖市住房和城乡建设局在"综合执法""案件通报"中通报了 2015 年（一期）4 个案件、2015 年（二期）1 个案件、2017 年（一期）1 个案件。"行政处罚"栏目中公布了 2013 年至 2016 年"曲靖市中熙置业有限公司'曲靖恒大名都'房地产开发违法案"等约三十件案件；公布了"曲靖市建设系统 2016 年建设行政处罚情况"，有案件数、总罚款数、立案情况、结案情况。曲靖市煤炭局在"信息公开—主动公开—执法信息"栏目，公开了《曲靖市煤炭工业局 2017 年 3 月安全监管执法信息公开表》和《曲靖市煤炭工业局 2017 年 7 月安全监管执法信息公开表》，内容包括查出的安全隐患及主要违法违规事实、处理、处罚依据、作出的处理、处罚决定。曲靖市人力资源与社会保障局在"执法信息公示"中公示了执法主体、执法人员信息，在"劳动保障监察"栏公布了 2017 年第一批重大劳动保障违法案件。

2. 公共支出、基本建设支出、行政经费支出的预算和执行情况，以及政府性基金收支预算和中央国有资本经营预算等情况公开透明

2017 年 07 月 18 日，曲靖市人民政府（官网）公布《关于曲靖市 2016 年地方财政决算和 2017 年 1～5 月地方财政预算执行情况的报告》，对 2016 年一般公共预算收支决算情况、政府性基金预算收支决算情况、国有资本经营预算收支决算情况、社会保险基金预算收支决算情况进行公布。同时还公布了2017年1-5月预算执行情况，分析了2017年1～5月财政预算执行的主要特点、下半年预算执行存在的困难和问题。政府各职能部门也都在官网对上述内容进行公示。

3.规范性文件公布取得突破

从项目组检索的情况看，在2016年以前，曲靖市政府以及政府职能部门基本没有对行政规范性文件进行公示，但在2016年12月至2017年6月之间，共计公布了《曲靖市旅游惠民卡管理暂行办法》《曲靖市特许经营权注入管理实施细则（试行）》《曲靖市城市建设工程规划验收管理办法》等25件规范性文件。具体参见表4～3。

表4～3 曲靖市规范性文件公布统计表

序号	文件名	生效时间	公布时间	公布栏目
1	曲靖市旅游惠民卡管理暂行办法	2017.6.1	2017.6.14	规范性文件
2	师宗县城市生活垃圾管理办法	2017.1.1	2017.4.17	规范性文件
3	曲靖市特许经营权注入管理实施细则（试行）	2014.1.1	2016.12.26	规范性文件
4	曲靖市特许经营权管理办法（试行）	2014.1.1	2016.12.26	规范性文件
5	曲靖市公共租赁住房管理实施细则	2013.7.15	2016.12.26	规范性文件
6	国家级曲靖经济技术开发区管理办法	2013.6.1	2016.12.26	规范性文件
7	曲靖市小额贷款公司监管工作实施办法（试行）	2013.7.1	2016.12.26	规范性文件
8	曲靖市城市建设工程规划验收管理办法	2017.1.1	2016.12.23	规范性文件
9	曲靖市城乡规划编制管理办法	2017.1.1	2016.12.23	规范性文件
10	曲靖市农村公益性公墓管理办法	2016.11.11	2016.12.22	规范性文件

序号	文件名	生效时间	公布时间	公布栏目
11	曲靖市拒服兵役行为处罚实施办法	2016.8.5	2016.12.22	规范性文件
12	曲靖中心城区生活饮用水二次供水卫生管理实施办法	2015.12.1	2016.12.26	通知公告
13	曲靖中心城区建设工程施工现场管理实施办法	2015.12.1	2016.12.26	通知公告
14	曲靖中心城区养犬管理实施办法	2015.12.1	2016.12.23	通知公告
15	曲靖中心城区餐厨废弃物收集运输处置管理实施办法	2015.12.1	2016.12.23	通知公告
16	曲靖中心城区建筑垃圾和散体物料运输处置管理实施办法	2015.12.1	2016.12.23	通知公告
17	曲靖中心城区市容和环境卫生门前三包管理实施办法	2015.12.1	2016.12.23	通知公告
18	曲靖中心城区地下管线管理实施办法	2015.12.1	2016.12.23	通知公告
19	曲靖中心城区市政公用设施管理实施办法	2015.12.1	2016.12.23	通知公告
20	曲靖中心城区物业管理实施办法	2015.12.1	2016.12.23	通知公告
21	曲靖中心城区园林绿化管理实施办法	2015.12.1	2016.12.23	通知公告
22	曲靖中心城区殡葬管理实施办法	2015.12.1	2016.12.23	通知公告
23	曲靖中心城区道路交通管理实施办法	2015.12.1	2016.12.23	通知公告
24	曲靖中心城区环境噪声污染防治管理实施办法	2015.12.1	2016.12.23	通知公告
25	曲靖中心城区户外广告设施管理实施办法	2015.12.1	2016.12.23	通知公告

第三节 存在的主要问题

1. 法治政府建设规划需要进一步推进落实

一是上一年度法治政府建设情况报告公布滞后或者未公布。《法治政府建设实施纲要（2015－2020）》第四十二条规定："县级以上地方各级政府每年第一季度要向同级党委、人大常委会和上一级人民政府报告上一年度法治政府建设情况，政府部门每年第一季度要向本级政府和上一级政府有关部门报告上一年度法治政府建设情况，报告要通过报刊、政府网站等向社会公开。"项目组通过百度引擎以及政府门户网检索的结果，《关于曲靖市 2016 年度法治政府建设情况的报告》于 2017 年 4 月 7 日公布，《罗平县 2016 年法治政府建设情况报告》于 2017 年 5 月 8 日公布，均属于延迟公布。其余县（市、区）公布情况未检索到，应认定为未公布。

二是未公布依法行政考核结果。《法治政府建设实施纲要（2015－2020）》第四十三条规定："各级党委要把法治建设成效作为衡量各级领导班子和领导公布工作实绩的主要内容，纳入政绩考核指标体系，充分发挥考核评价对法治政府建设的重要推动作用。"项目组通过检索曲靖市政府网、曲靖市政府法制网，以及县（市、区）政府网，未检索到 2016 年度依法行政工作考核的相关结果；未检索到被考核的县（市、区）政府向党委和人大报告依法行政考核结果的情况；也未检索到被考核的县（市、区）政府公布考核发现的具体问题以及需要改进的地方的情况。

三是部分县（市、区）未设置独立的法制机构，缺乏对法治工作的重视和法治政府建设的组织保障。曲靖市共有 6 个县（市、区）撤销了法制办（仅麒麟区、会泽县、富源县保留了法制办），改设法制科，其相应的行政层级被降低，职能发挥的权威性被削弱，客观上减弱了推进法治建设的力量。

2. 权责清单公布需要进一步加强和规范

一是公布的部门少，未公布的部门多。根据项目组检索的结果，曲靖市 19 个重点执法部门中，公布了权责清单的 6 个，未公布的 13 个，公布的比例不到 32%。具体参见表 4 - 4。

表4 - 4　曲靖市重点执法部门权责清单公布统计表

公布的部门	未公布的部门 *
食药局、国土局、发改委、质监局、人社局、林业局	环保局、国税局、地税局、住城建局、公安局、卫计委、工商局、交通局、煤炭局、审计局、安监局、民政局、文化市场综合执法支队

* 未公布的部门 ❶

二是市级政府部门的权责清单和县乡两级政府部门权责清单通过曲靖机构编制网公布，不利于查询使用。

三是公示不规范。如曲靖市国土资源局在官网"行政执法信息公示"栏目下公布的权力清单和责任清单（其他行政职权）。曲靖市发改委在官网"行政执法信息公示"栏目下，以"EXCEL"文件包的形式公示，需要点击下载，不方便查询和查看。食药局、质监局、人社局、林业局在滚动栏目进行公开，容易被覆盖，查阅难度大。

四是按照法治政府建设的要求，不仅应公示权责清单、负面清单，还应公示"审批清单""监管清单"；但目前"审批清单""监管清单"还未公布。

3. 规范性文件制定程序不规范，公布滞后

一是起草行政规范性文件中征求意见和合法性审查不到位。按照规定，起草行政规范性文件，需要进行必要性和可行性论证并广泛征

---

❶ 审计局、安监局、民政局、文化市场综合执法支队网页无法打开或者没有建设网页，不符合 2008 年 4 月 28 日曲靖市信息化工作领导小组办公室《关于加大政府信息公开网站建设工作力度的紧急通知》（曲信息办发 [2008]2 号）文件要求，视为未公开。

求意见，出台前经政府或部门法制机构合法性审查。曲靖市人民政府办公室于 2017 年 1 月 13 日发布《关于公布第一批市级行政机关规范性文件制定主体的通知》，确定 47 个单位为"全市第一批市级行政机关规范性文件制定主体"。但对于市政府、市政府部门发布的规范性文件，未见其进行合法性审查的依据以及具体资料，说明曲靖市在规范性文件制定上还存在需要改进和规范的问题。

二是规范性文件公布在 2016 年 12 月至 2017 年 6 月之间公布的 25 个规范性文件，缺乏"公开听取意见""合法性审查"的相关材料。而且 25 个规范性文件中，仅有《曲靖市城市建设工程规划验收管理办法》《曲靖市城乡规划编制管理办法》先公布，后生效实施，其余的 23 个均是生效在前，公布在后，不符合"未经公布不得实施"的原则要求。

4. 政府依法决策机制有待进一步完善和落实

一是重大决策向社会公开征求意见制度未严格落实。《云南省重大行政决策程序规定》自 2016 年 6 月 10 日起施行，《曲靖市人民政府重大行政决策程序规定》自 2017 年 6 月 1 日起施行，均对"重大决策向社会公开征求意见"制度做出了明确规定。项目组未检索到曲靖市人民政府履行该制度的情况。

二是重大决策责任终身负责制、重大决策评估论证、跟踪反馈及责任倒查制度未建立。根据《中共中央关于全面推进依法治国若干重大问题的决定》要求："建立重大决策终身责任追究制度及责任倒查机制，对决策严重失误或者依法应该及时作出决策但久拖不决造成重大损失、恶劣影响的，严格追究行政首长、负有责任的其他领导人员和相关责任人员的法律责任"。《曲靖市人民政府重大行政决策程序规定》进一步提出，市人民政府应当健全重大行政决策责任追究机制，建立重大行政决策终身责任追究制度及责任倒查制度，完善调职、离职、辞职、退休等不影响责任追究的机制。但截至评估结束之日，项目组未检索查阅到该机制的建立情况。

三是调研的结果表明，曲靖市国家工作人员对于政府依法决策的落实情况满意度还处于较低的水平。在"法治建设满意度"第 6 小题"您对我市政府机关在进行决策时是否依法按程序决策和是否科学决策的评价怎样"的调研中，市委依法治市办调查的得分率仅为 42%。数据说明国家工作人员对于政府对于政府科学决策、民主决策的认同度低。具体参看表 4 － 5。

表4－5　政府决策评价结果统计表

选项	A. 非常好	B. 好	C. 一般	D. 不好	E. 非常不好	F. 不了解
人数	68	228	156	492	656	0
比例	4.3%	14.3%	9.8%	30.8	41%	0

5. 政府法律顾问制度及实施有待进一步规范

一是外聘政府法律顾问选聘的方式随意。根据中共中央办公厅、国务院办公厅印发《关于推行法律顾问制度和公职律师公司律师制度的意见》以及《云南省政府法律顾问工作规定》（云南省人民政府令第 210 号）的要求，外聘法律顾问应该进行"公开选聘"。但目前曲靖市未落实相关制度，选聘方式随意。

二是法律顾问未形成团队化、专业化。根据曲靖市九个县（市、区）政府法律顾问落实的情况看，法律顾问为 1 名的政府 2 个、法律顾问为 2 名的政府 2 个；32 个市政府工作部门中，聘请 1 名律师的 23 个部门，聘请 2 人的 3 个部门，没有体现专业化、团队化特点。

三是政府法律顾问的功能未能充分发挥。目前曲靖市政府法律顾问履职主要还限于"提供法律意见""审查合同""参与办理行政复议、诉讼、赔偿、调解、仲裁等法律事务"等一般层面，没有在"法治重大问题研究""规范性文件合法性审查""政府信息公开""提升法治思维和执法水平""规范执法行为"等方面为顾问单位全面推进法治建设提供有力的帮助。

6.制定并细化、量化行政执法裁量标准工作未开展，行政执法裁量权案例指导制度未建立

制定并细化、量化行政执法裁量标准以及建立并落实行政执法裁量权案例指导制度，是规范裁量范围、种类、幅度，控制自由裁量权滥用的重要环节，也是《中共中央关于全面推进依法治国若干重大问题的决定》"建立健全行政裁量权基准制度"的要求。截至 2017 年 8 月底，曲靖市没有任何行政执法部门以规范性文件形式在曲靖市政府法制网、本部门政务网站等平台上，对外公布本部门的处罚裁量标准，也没有出台相关监督办法。

7.行政执法行为需要更加严格规范

一是从督查结果看，"不作为、乱作为"依然存在。2016 年，曲靖全市组织开展"不作为、乱作为"问题集中整治督查 834 次，发现问题 525 个，纠正问题 525 个，下发督查通报 50 期；受理"不作为、乱作为"举报投诉 146 件，办结 96 件，正在办理 50 件，查实 36 件，处理 38 人。2017 年 1 月至 7 月，曲靖市政府办结行政复议案件 5 件，调解 2 件，责令履行 3 件。说明存在"不作为、乱作为"现象。

二是从案卷评查结果看，行政执法规范性有待提高。根据市政府法制办案卷评查结果来看，行政处罚案卷不合格率为 45%，行政许可案卷不合格率为 41%，数据表明被抽查的 5 个执法机关的行政行为规范性程度还有待提高。具体参看表 4 - 6。

表4-6 市政府法制办案卷评查结果统计表

案件类型	案件总数	优秀（比例）	合格（比例）	不合格（比例）
行政处罚	22	5（23%）	7(32%)	10(45%)
行政许可	22	4(18%)	7(32)	9(41%)

根据项目组调查的结果，目前在行政执法中存在的问题主要包括：

一是执法程序不规范。包括不该适用简易程序的案件适用简易程序；未经立案审批就进行调查，或者调查取证之后不制作、送达行政处罚事先告知书；执法文书由他人代收，但不说明代收人与当事人的关系；不出示执法文书；不让相对人充分行使陈述、申辩权；未送达或者未按期限、要求送达等。

二是执法人员缺乏证据搜集的证据运用能力。案卷中证据不合法或者达不到证明要求即进行处理的情况较为常见。

三是行政权力仍然"任性"。滥用行政权力的情形时有发生，特别是在行政执法中，执法机关随意减轻和加重处罚的情形较为普遍；该处理的不处理，不该处理的乱处理的情况仍然可见。

8. 行政机关负责人出庭应诉率低

根据市政府法制办的统计，2015年5月1日至2016年10月31日，麒麟区、沾益区人民法院开庭审理行政案件55件，行政机关负责人出庭应诉20件，占36.4%；2017年1至3月，曲靖市中级人民法院、麒麟区人民法院、沾益区人民法院共审理案件74件。除撤诉的21件外，应当出庭应诉的53件，其中，行政机关负责人出庭应诉的22件，占41.5%；未出庭应诉31件，占69.5%。2017年4至6月，曲靖市中级人民法院、麒麟区人民法院、沾益区人民法院共审理案件39件。行政机关负责人出庭应诉的39件，占70.9%；未出庭应诉16件，占29.5%。

9. 行政执法信息公开力度需要加大

项目组对曲靖市十九个重点执法部门或机构进行了检索，主要检索项目是"是否设置行政执法信息公示栏目""是否公示行政执法主体""是否公示行政执法人员""是否公示行政执法案件""是否行政处罚内容"等五项内容，具体情况参见表4—7。

表4—7　曲靖市政府职能部门行政执法公示情况统计表❶

项目 机关	是否设置行政执法信息公示栏目	是否公示行政执法主体	是否公示行政执法人员	是否公示行政执法案件	是否公示行政处罚内容
食药局	√	×	√	√	√
国税局	×	×	×	√	√
地税局	×	×	×	√	√
住建局	×	×	×	√	×
国土局	√	√	√	×	×
发改委	√	√	√	×	×
公安局	×	×	×	×	×
工商局	×	×	×	×	×
质监局	×	×	×	×	×
环保局	×	×	×	×	×
卫计委	×	×	×	×	×
交通局	×	×	×	×	×
林业局	×	×	×	×	×
审计局	×	×	×	×	×
安监局	×	×	×	×	×
煤炭局	×	×	×	√	√
人社局	×	√	√	√	√
民政局	×	×	×	×	×

❶ 1.工商局、质监局、环保局、卫计委、交通局、林业局、安监局未在网页上公布行政执法内容；审计局网页一直无法打开；搜索不到民政局、文化市场综合执法支队网页。

2.表中打"√"的为公示的，打"×"为没有公示的。

续　表

项目\机关	是否设置行政执法信息公示栏目	是否公示行政执法主体	是否公示行政执法人员	是否公示行政执法案件	是否公示行政处罚内容
文化市场综合执法支队	×	×	×	×	×

从表4—7可以看出，曲靖市各重点执法部门在行政执法公示上存在如下主要问题：

一是多数机关未进行公示。19个机关（或部门）中，有11个部门机关（或部门）完全没有对本机关（或部门）行政执法信息进行公示，不符合《关于全面推行行政执法公示制度的通知》的要求。

二是公示栏目不规范。仅3个机关（或部门）设置了"行政执法信息公示栏目"，其余16个机关（或部门）未按照要求设置。

三是公示的内容不完整。19个机关（或部门）中，公示"行政执法主体"的3个，公示了"行政执法人员"4个，公示了"行政执法案件"的6个，公示了"行政处罚案件中的处罚内容"的5个。

四是公示方式不合理且不统一。有的以"EXCEL"文件的方式公布，需要下载查看；有的以"案件通报"的方式公布；需要进一步规范和统一。

第四节　完善的建议

1.加强法治政府建设的组织领导

一是按要求公布上一年度法治政府建设情况报告。曲靖市人民政府应该在做好上一年度法治政府建设情况报告公开的同时，督促县（市、区）人民政府以及市政府组成部门及时在第一季度进行报告并公开。

二是公布依法行政考核结果，发挥考核评价对法治政府建设的推动作用。为了使依法行政考核结果对相关部门工作产生责任和压力，进而推动法治政府建设。建议通过情况通报等方式详细公布年度依法行政考核的相关情况，并要求被考核政府向人大以及党委报告考核情况。

三是要求县（市、区）设置独立的政府法制机构，加强法治政府建设的组织保障。法制机构承担着规范性文件审查与论证、主持行政复议、为涉法事务提供法律咨询和论证、为重大决策进行合法性论证等重要职能，在推行依法行政，建设法治政府进程中具有不可替代的作用，其职能作用应进一步强化。

2. 尽快推进"1+3清单"公布，依法确定政府职责权限

"1+3"清单，1是母单"权责清单"，3是子单"负面清单""审批清单""监管清单"。"负面清单"是参照国际通行规则，着眼于开放性经济建设，充分考虑本区域现有的产业基础和未来经济定位，以提升行政管理透明度和开放度为目的，列明本地区范围内禁止和限制投资的领域、产业及经济活动的清单。"审批清单"是对需要经过审批获得授权方可准入的投资经营活动，对应其领域、行业、产业列明准入基本条件，准入审批部门、准入审批事项、权属划分的清单，纳入审批清单管理的项目，投资主体应依法定条件和程序申请准入，获得授权后方可开展投资经营有关活动。"监管清单"是针对本部门管理的行业或领域，按事前、事中、事后全链条监管要求，明确监管主体、监管内容、监管措施、监管标准，以及履行监管职责赋予的执法职权，制定监管标准（包括生产经营活动标准和产品〈服务〉质量标准）的清单。

根据上述要求，建议在市县人民政府门户网"政务公开"栏目下独立设置"1+3清单"栏目（应该在首页），在市政府项下公布市政府职能部门"1+3清单"，在各"县（市、区）"项下公布县（市、区）职能部门"1+3清单"，明确细化市、县两级政府和部门权责边界，为保障职权公开、透明、规范运行奠定良好的基础。

3. 进一步规范和改进规范性文件制定、公布程序

建议根据《云南省行政机关规范性文件制定和备案办法》（云南省政府令第129号），在规范性文件制定和公布过程中切实按照"起草行政规范性文件进行必要性和可行性论证并广泛征求意见""出台前经政府或部门法制机构合法性审查""行政规范性文件有效期明确""不得设定行政许可、行政处罚、行政强制、行政事业性收费等内容""应当自签署公布之日起30日后施行""向社会提供规范性文件公开查阅"以及"7日内送政府便民服务机构、电子政务网站、档案馆""按规定报送备案""对行政规范性文件进行定期清理，及时修改或废止"等要求进行，实现规范性文件的合法性保证与公民权利保障的统一。

4. 健全完善重大行政决策机制

《云南省重大行政决策程序规定》《曲靖市人民政府重大行政决策程序规定》已经对"重大决策向社会公开征求意见"制度做出了明确规定。项目组认为，要真正实现"重大决策向社会公开征求意见"，还应完善落实以下机制。

一是重大行政决策的信息畅通。公众参与重大行政决策的前提条件是决策信息公开，不清楚决策内容，也就无从参与。决策机关在征求意见时不仅要公开决策内容、出台决策背景、决策拟解决的问题，还要分析政策可能对部分群体利益带来的影响以及减少或消除这些影响拟采取的措施。保障双方法在平等的基础上进行对话，才能达到协商对话的效果。

二是健全利益表达机制。公众参与并不仅仅是增强决策的民意性质，更重要的是分析决策对相关利益和相关利益人的影响，并听取他们的意见，表达他们的相关利益诉求。在多元社会现实中，公众参与重大行政决策本质是通过真诚理性的讨论，在公民沟通、交流、表达、妥协的基础上，就决策达成共识。其核心要素是协商与共识，有

理性的、有质量的决策。因此，培育和发展利益共同体的社会组织，是提升公众参与质量的重要内容。

三是推行重大行政决策目录管理。重大决策中"重大"还仅仅是个定性概念，何谓重大并不是一个达成共识的概念，影响了公众参与决策的范围。因此应该探索重大行政决策目录管理，界定重大决策范围，保障公众参与领域。便于提前向社会告知拟决策事项，保证重大行政决策前有一定的公众咨询期限，公众有较充分时间展开讨论，做到决策中畅通群众利益诉求，实现决策中决策者与利益相关方的理性对话、协商。

四是尽快建立健全重大行政决策责任追究机制、重大行政决策终身责任追究制度及责任倒查制度。根据《曲靖市人民政府重大行政决策程序规定》规定，尽快落实县级以上政府应健全重大行政决策责任追究机制，建立重大行政决策终身责任追究制度及责任倒查制度，完善调职、离职、辞职、退休等不影响责任追究机制。

5. 完善政府法律顾问制度，充分发挥政府法律顾问功能和作用

一是明确政府法律顾问的职能。政府法律顾问要履行"进行法治重大问题研究""重大决策、重大行政行为提供法律意见""参与法规规章草案、规范性文件送审稿的起草、论证""参与合作项目的洽谈，协助草拟、修改、审查重要的法律文书或者合同""参与办理行政复议、诉讼、赔偿、调解、仲裁等法律事务""为处置征收补偿、涉法信访等事项和重大突发事件等提供法律服务"等职责。

二是改进政府法律顾问选聘方式，突出团队化、专业化。建议在具体操作中，以"县（市、区）"或者以"市级职能部门"为主体进行"集团式购买"，形成"多元化"的法律顾问团队，各自在不同的领域发挥相应的专业特长，为政府在各个层面的工作提供法律服务，真正成为推进法治政府建设的重要助力。

三是建立完善政府法律顾问工作制度、考核制度。政府应该以政府法制机构为主，建立和完善政府法律顾问工作制度，督促法律顾问在受聘之后，切实履行约定职责。一方面，要求聘任机关主动把相关工作交由法律顾问审查、听取法律顾问的意见；另一方面，法律顾问对于聘任单位在法治建设各个方面存在的问题，应该主动提出和纠正。并依据考核制度对政府法律顾问进行相应考核，保障政府法律顾问在推进法治建设中的功能和作用得到有效发挥。

6. 重点执法部门建立健全行政裁量权基准制度并进行动态调整

重点执法部门应在梳理行政处罚依据、厘清行政处罚职权的基础上，依法科学化量化行政处罚裁量权的行使标准，并编制行政处罚运行流程图，明确滥施行政处罚权应当承担的执法责任。

在确定行政处罚裁量权行使标准时，各行政执法部门应将处罚裁量权涉及的违法行为，根据违法行为的事实、性质、情节、社会危害程度以及当事人主观过错等因素，从轻到重划分不少于5档的违法行为阶次，并在法定处罚幅度内明确每个阶次对应的处罚标准，从而为量罚提供统一"尺度"和操作"蓝本"；并至少在曲靖市政府门户网、曲靖市政府法制网以及具体执法部门门户网上用统一形式予以公布；缩小行政执法部门拥有的处罚裁量空间，更有利于实现公正执法。

7. 进一步规范行政执法行为，提高执法水平

一是细化执法程序。法律法规层面的行政执法程序在实践中可能遇到不明确或者在理解上出现偏差的问题，因此需要进一步建立健全执法信息公开、限时承诺、结果查询等制度。以行政执法主体、依据、职责、权限、标准、时限、程序、责任以及行政相对人的权利等为主要内容，编制行政执法操作流程图，或行政执法指南、行政执法目录指引，明确执法环节和步骤，保障程序公正。

二是增强行政执法人员的证据意识。根据证据合法性、真实性、关联性的要求，行政执法人员应该树立依法、客观、全面收集证据的意识，不能让自己的好恶影响到证据收集中的取舍，尤其要防止只注重收集对相对人不利的证据，忽视对当事人有利证据的倾向；在证据审查中要坚持科学审查的态度，认真分析证据的来源、内容以及内容与案件的联系，切实做到证据确凿充分，能够有效证明案件事实。

三是健全完善行政执法责任制、行政执法评议考核机制。一方面，尚未建立行政执法责任制的执法机关，应该按照《国务院办公厅关于推行行政执法责任制的若干意见》的要求，认真梳理执法依据，分解执法的职责和任务，明确相关执法机构、执法岗位和执法人员的执法责任，尽快建立行政执法责任制。另一方面，行政执法机关应该按照评议考核的基本要求，明确评议考核主体、考核对象、考核指标体系、考核程序、考核方式方法、奖惩制度、救济制度等内容，尽快建立行政执法评议和考核的制度，加强对行政执法行为的监督，提高行政执法水平，努力推动法治曲靖战略目标的实现。

8. 建立健全行政机关负责人出庭应诉监督制约机制

2010年，曲靖市政府制定了《曲靖市行政机关行政首长出庭应诉规定》（曲政发 [2010]35 号），但从近年来行政机关负责人出庭应诉的统计结果看，实施效果显然难以令人满意。项目组认为，健全的监督制约机制，至少应该包括如下内容：

一是明确"不能出庭"的范围。《行政诉讼法》第三条规定了"被诉行政机关负责人应当出庭应诉。不能出庭的，应当委托行政机关相应的工作人员出庭。"但并未明确"不能出庭"的具体情形，给行政机关负责人不出庭提供了理由。项目组认为，应该将"不能出庭"限定为"遭遇不可抗力"和"客观上不能控制的其他正当事由"；前者即客观上不可抗拒、不能避免且无法克服的原因，如自然灾害等；后者即遭遇交通事故、罹患急症等。而"工作忙""参加会议"等均应排除在"不能出庭"之外。

二是建立人民法院和政府法制机构之间的协调沟通以及通报机制。承担行政审判业务的人民法院应该与政府法制部门之间应该定期进行沟通，对确定不属于"不能出庭"的行政机关负责人，应该向同级党委、人大、政府定期进行汇报，并由人民法院向该行政机关的上级行政机关或者人事、监察机关提出司法建议；对于拒绝出庭应诉的行政机关负责人，还可以考虑建立向社会公开通报的机制。

三是将行政机关负责人出庭应诉的情况纳入各项考核之中。除将其纳入依法行政考核之外，人大监督机关可以在每年对其任命干部的述职评议和审查政府工作报告时增加此项内容，进一步加大对行政机关负责人的监督力度。

9. 不断推进行政执法信息公示

严格按照曲靖市人民政府办公室《关于全面推行行政执法公示制度的通知》（曲政办发〔2017〕63号）的要求，推动曲靖市政府职能部门在政务中心、办事大厅等地以及门户网、曲靖市政府法制网全面、规范公示行政执法信息。

一是设置规范的"行政执法信息公示"栏目。保证不被其它信息覆盖的基础上，还应方便查询。

二是公示执法主体。包括法定执法主体、授权执法主体、以及受委托执法的组织以及相应的依据；公示执法人员的基本信息，如姓名、性别、照片、执法证号等。

三是公示行政执法案件的全过程。包括案件办理中形成案卷材料、重大执法决定法制审核材料、记载案件办理的法律文书，如处罚决定的内容等。

四是明确行政执法公示的时效。为保证及时公开，应该明确规定信息公开的时效，要求行政机关在案件办结以后在确定的时间内必须公示。

第五章 公 正 司 法

　　司法是维护社会公平正义的最后一道防线。司法公正对社会公正具有重要引领作用，司法不公对社会公正具有致命破坏作用。党的十八大以来，以习近平为核心的党中央深刻把握司法改革的单位与方向，从四个全面与推进国家治理体系与治理能力现代化的高度统筹推进司法体制改革。两年多来，曲靖市在深化司法体制改革，推进司法为民方面做了大量积极有效的工作。积极稳妥推进司法人员分类管理、司法责任制、司法人员职业保障制度改革以及以审判为中心的诉讼制度改革，不断追求司法公正、高效、权威。

第一节　评估指标体系

　　本次评估"公正司法"一级指标之下设置6个二级指标，6个二级指标，14个三级指标，39个观测点，并对观测点赋予相应的分值。具体内容参见表5－1。

表5—1　公正司法

一级指标	二级指标		三级指标	观测点	评分依据
公正司法（20分）	司法职权依法独立使（3分）	1	领导干部干预司法活动、插手具体案件处理的记录、通报和责任追究制度以及司法机关内部人员过问案件的记录和责任追究规定健全落实。（1分）	（1）领导干部干预司法活动相关制度是否建设及实施情况如何？（0.5分）	依据项目组评价的结果打分。
				（2）是否有领导干部干预司法活动、插手具体案件情况？（0.5分）	无，不扣分；有，得0分。
		2	云南省关于司法体制和工作机制改革的各项部署得到落实。探索建立与行政区划适当分离的司法管辖制度。符合职业特点的司法人员管理制度和司法人员履行法定职责保护机制健全。（1分）	（1）关于云南省司法体制和工作机制改革的各项部署情况是否落实？（0.5分）	依据项目组评价的结果打分。
				（2）与行政区划适当分离的司法管辖制度是否建立健全？（0.3分）	制度建立，不扣分；未建立，得0分。
				（3）司法人员管理制度和司法人员履行法定职责保护制度是否建立？（0.2分）	制度建立，不扣分；未建立，得0分。
		3	尊重和维护审判机关的司法判决。（1分）	（1）普通当事人、公司企业、行政主体是否自觉履行司法判决比例。（1分）	依据项目组评价的结果打分。

续　表

一级指标	二级指标	三级指标		观测点	评分依据
公正司法（20分）	司法职权运行规范（5分）	4	立案、庭审、执行、听证严格按照程序和时限进行。检察机关依法行使法律监督职能。公安部门执法办案场所建设改造完成，执法办案文明规范。错案防止、纠正、责任追究机制健全，运行顺畅。（3分）	（1）法院遵守程序、时限情况。（0.5分）	依据项目组评价的结果打分。
				（2）一审服判息诉率。（0.5分）	高于90%，不扣分；低于90%，每低1个百分点扣0.1分。
				（3）二审改判、发回重审率。（0.5分）	低于10%，不扣分；高于10%，每高1个百分点扣0.1分。
				（4）检察机关抗诉情况及抗诉后改判情况。（0.5分）	依据项目组评价的结果打分。
				（5）公安机关执法规范程度。（0.5分）	依据项目组评价的结果打分。
				（6）错案防止、纠正、责任追究机制健全，运行顺畅。（0.5分）	依据项目组评价的结果打分。
		5	主审法官、合议庭、主任检察官、主办侦查员办案责任制健全完善，审判委员会和检察委员会制度改革大力推进。（1分）	（1）主审法官、主任检察官、主办侦查员办案制度及责任机制是否建立？（0.5分）	制度、机制建立，不扣分；未建立，得0分。
				（2）审委会、检委会是否进行改革？（0.5分）	依据项目组评价的结果打分。

续 表

一级指标	二级指标		三级指标	观测点	评分依据
公正司法（20分）	司法职权运行规范（5分）	6	刑罚执行依法严格规范。监狱狱务及罪犯管理相关制度、程序及结果公开透明，减刑、假释、暂予监外执行程序严格规范，监督制约机制完善。社区矫正工作实现制度化、规范化，社区服刑人员更好地融入社会。（1分）	（1）监狱狱务及罪犯管理相关制度、程序及结果公开情况。（0.3分）	制依据项目组评价的结果打分。
				（2）减刑、假释、暂予监外执行程序完善及执行情况。（0.3分）	若依据项目组评价的结果打分。
				（3）社区矫正工作情况。（0.4分）	依据项目组评价的结果打分。
	司法监督机制健全完善（3分）	7	法律监督、社会监督和司法机关内部监督制约机制健全完善。司法廉洁制度完备，廉洁风险防控机制作用发挥良好，无司法人员违法违纪现象。（2分）	（1）司法监督机制建设是否具体落实？（1分）	建立机制，不扣分；无机制，为0分。
				（2）司法廉洁制度完备，廉洁风险防控机制作用发挥良好，有无司法人员违法违纪现象？（1分）	机制建立，不扣分；但若该项存在有司法人员违法违纪现象，扣1分。
		8	办案质量终身负责制度、责任追究制度和冤假错案预防纠正机制建立健全。（1分）	（1）相关办案责任制健全程度。相关办案责任制健全程度。（1分）	制度建立，不扣分；未建立，得0分。

续　表

一级指标	二级指标		三级指标	观测点	评分依据
公正司法（20分）	司法活动民主公开透明（2分）	9	审判公开、检务公开、警务公开、司法行政公开制度健全落实、人民陪审员、人民监督员制度不断完善。（2分）	（1）立案、庭审、执行、听证等各环节的公开情况。开庭审理全程录音录像情况。重大案件庭审网络直播或录播情况。裁判文书和其他法律文书公开情况。当事人权利义务告知、旁听庭审、司法听证、公开司法拍卖、新闻发布情况。（1分）	没有，不扣分；有，得0分。
				（2）检察案件、检察政务、检察队伍信息公开情况。（0.2分）	有公开平台、途径，则本项不扣分。
				（3）公安部门警务公开情况。（0.2分）	有公开平台、途径，则本项不扣分。
				（4）司法行政公开制度及落实情况。（0.2分）	依据项目组评价的结果打分。
				（5）人民陪审员、人民监督员制度完善情况。（0.4分）	依据项目组评价的结果打分。

一级指标	二级指标	三级指标	观测点	评分依据
公正司法（20分）	执行难、执行乱问题有效破解（2分）	生效裁判文书执行力度加大，执行活动法律监督力度加强。各级法院与公安、工商、民政、税务、国土等部门及银行等金融机构的执行协作联动机制健全。失信被执行人信息纳入社会征信系统，实现信息资源互通互享。（2分） 10	（1）执行协作联动机制是否建立及运行情况如何？（0.5分）	机制建立，不扣分；未建立，得0分。
			（2）失信被执行人信息纳入社会征信系统情况。（0.5分）	依据项目组评价的结果打分。
			（3）生效判决、裁定执行情况。（1分）	依据项目组评价的结果打分。
	司法人权保障有效落实（5分）	贯彻执行罪行法定、疑罪从无、非法证据排除等法律原则的制度机制健全完善，无刑讯逼供、体罚虐待等行为发生。适用限制公民人身自由、财产、名誉等权利的司法强制措施和侦查手段监督机制健全，涉案财物处置程序、措施依法规范。无冤假错案发生。（2分） 11	（1）法院执行罪行法定、疑罪从无、非法证据排除情况。（0.6分）	依据项目组评价的结果打分。
			（2）是否有刑讯逼供、体罚虐待行为？（0.4分）	没有，不扣分；有，得0分。
			（3）适用限制公民人身自由、财产、名誉等权利的司法强制措施监督机制和侦查手段健全程度及落实情况。（0.6分）	没有，不扣分；有，得0分。
			（4）是否有冤假错案？（0.4分）	没有，不扣分；有，得0分。

续 表

一级指标	二级指标	三级指标	观测点	评分依据
公正司法（20分）	司法人权保障有效落实（5分）	12 诉讼权利保障制度健全。公益诉讼制度建立完善。（1分）	（1）讼权利保障制度建设情况。（0.5分）	制度建立，不扣分；未建立，得0分。
			（2）公益诉讼制度建立情况。（0.5分）	机制建立，不扣分；未建立，得0分。
		13 诉讼终结制度有效落实，诉访分离机制健全，涉法涉诉信访依法处理，政府法律援助和司法救助落实到位。（1分）	（1）诉讼终结制度是否依法落实？是否存在因当事人无理继续申诉而反复再审情况？（0.2分）	依据项目组评价的结果打分。
			（2）诉访分离制度落实情况，涉法涉诉信访是否依法处理？（0.3分）	依据项目组评价的结果打分。
			（3）政府法律援助和司法救助落实到位情况。（0.5分）	依据项目组评价的结果打分。
		14 推进律师制度改革，律师依法执业保障机制健全完善。（1分）	（1）律师制度改革是否进行？（0.5分）	依据项目组评价的结果打分。
			（2）律师执业保障机制建设是否落实？（0.5分）	依据项目组评价的结果打分。

二、得分情况

本项评估的总分20分，评估得分14.1分，得分率为70.5%。6个二级指标中，得分率最高的83.3%，最低的56.7%；14个三级指标中，得分率最高的90%，最低的50%。具体参见表5—2。

表5—2 评估得分情况

二级指标	满分	得分	得分率	三级指标满分	得分	得分率
司法职权依法独立行使情况	3	2.5	83.3%	1	0.8	80%
				1	0.9	90%
				1	0.8	80%
司法职权运行规范程度	5	3.8	76%	3	2.3	77%
				1	0.7	70%
				1	0.8	80%
司法监督机制建立完善情况	3	1.7	56.7%	2	1	50%
				1	0.7	70%
司法活动公开情况	2	1.3	65%	2	1.3	65%
破解执行难、执行乱情况	2	1.5	75%	2	1.5	75%
司法人权保障情况	5	3.3	66%	2	1.2	60%
				1	0.9	90%
				1	0.6	60%
				1	0.6	60%

第二节 公正司法取得的主要成效

一、司法职权依法独立行使

1. 领导干部、司法工作人员干预司法活动的责任追究机制基本建立

一是曲靖市人民检察院不断完善机制。2015 年 11 月，通过"四个注重"落实《领导干部干预司法活动、插手具体案件处理的记录、

通报和责任追究规定》《司法机关内部人员过问案件的记录和责任追究规定》；2016年4月，制定《曲靖市人民检院关于领导干部违法干预插手案件暨检察机关人员过问案件零报告管理工作制度》《曲靖市检察机关反贪部门六个不准》等规定。

二是曲靖市中级人民法院采用立案时向当事人发放案件监督卡和随案移送《司法机关内部人员过问案件登记卡》《领导干部干预司法活动、插手具体案件处理登记卡》等方式进行监督。

截止2017年7月，曲靖市未出现相关领导干部、内部人员过问案件、干预司法活动及插手具体案件的情况。

2. 司法体制改革有序推进

一是完善司法人员分类管理。2016年6月，曲靖市人民检察院顺利完成检察官员额制改革。制定下发了《司法体制改革试点工作实施方案》《入额检察官初选方法（试行）》等文件。全市遴选出员额检察官264名，向办案部门倾斜、向办案一线倾斜科学配置员额岗位，办案岗位配置240名，检察综合业务部门配置检察官22名，司法行政部门2名。曲靖市中级人民法院制定《曲靖市中级人民法院入额法官考试考核实施办法》，先后两次遴选出64名法官入额，对法官、助理、书记员按3：2：1的比例进行团队组建。另外，配备司法警察31人（含10名聘用制法警），配置比例达15.4%，审判辅助人员共73人，其中法官助理23人，执行员18人，司法技术人员5人，其他审判辅助人员27人。全市入额法官共381名。

二是完善司法责任制。制定了《曲靖市检察机关完善司法责任制改革实施意见（试行）》《曲靖市人民检察院检察官权利清单细则（试行）》《曲靖市人民检察院检察官业绩考评实施细则（试行）》《曲靖市中级人民法院完善司法责任制改革实施办法》《曲靖市中级人民法院人员分类管理办法》《曲靖市中级人民法院审判团队组建实施方案》《曲靖市中级人民法院专业法官会议工作规则》《曲靖市中级人民法院法官办案责任制》《曲靖市中级人民法院审判委员会工作规则》《曲靖市中级人民法院法官惩戒制度》《曲靖市中级人民法院院长、庭长办案职责规定》等相关制度。

三是健全司法人员职业保障制度。曲靖市人民检察院 2016 年印发了《曲靖市检察机关完善司法责任制改革实施意见（实行）》，在检察人员职业保障上，员额检察官顺利完成了单独职务序列等级评定和工资套改，检察官除依法履行职务受法律保护外，在依法办理案件时不受行政机关、社会团体和个人的干涉。曲靖市中级人民法院在《健全审判权运行机制完善司法责任制改革实施办法》中对履行法定职权的法官规定了 7 项履职保障的具体内容。

四是在行政诉讼中建立与行政区划适当分离的司法管辖制度。曲靖市中级人民法院将辖区内的麒麟区人民法院和沾益区人民法院两个基层法院确定为试点，麒麟区人民法院集中管辖宣威市人民法院、沾益区人民法院、陆良县人民法院、师宗县人民法院和罗平县人民法院辖区内的行政诉讼案件；沾益区人民法院集中管辖麒麟区人民法院、马龙县人民法院、会泽县人民法院和富源县人民法院辖区内的行政诉讼案件。

3. 当事人基本能够自觉履行判决

2016 年，当事人自觉履行法院判决比率为 74.02%。

二、司法职权运行逐渐规范

1. 司法职权运行规范化程度不断提升

一是加强审判管理。曲靖市中级人民法院修订《审判流程管理规定》，整合部门职能，由审管办适时对案件进行监管、催办和督办，确保案件质量。完善《绩效考评办法》，充分调动法官积极性，倡导办公正案、办和谐案、办精品案。由审委会专委在裁判文书印发前进行评查，严把裁判文书审核关，提高裁判文书质量。宣威市人民法院出台《均衡结案管理规定》，杜绝久拖不结、突击结案。沾益区人民法院、富源县人民法院通过"日跟踪提醒、周催办督办、月汇总通报、季评查研判、年考核评比"的方式,强化流程管理,倒逼案件质效提升。有效提高了一审服判息诉率,降低二审改判和发回重审率。2016年,曲靖市基层法院一审审结案件为37610件,中级法院一审案件数11995件,基层法院一审判决的服判息诉率为93.58%,超过90%。2016年,曲靖市中级人民法院二审审结案件数为2415件,二审改判、发回重审率为6.42%。

二是检察机关依法行使法律监督职能。2016年1月至2017年6月,曲靖市检察机关提出二审抗诉案件37件,93人,法院采纳抗诉意见20件,改判17件,28人,发回重审3件;提出再审抗诉案件5件,6人,全部采纳抗诉意见进行改判。2015年至2017年6月共监督侦查机关立案316件、撤案112件,书面监督纠正侦查活动违法情形722件次;纠正漏捕255人,纠正漏诉221人;对审查认为确有错误的刑事裁判提出抗诉64件。

三是认真贯彻落实中央政法委《关于切实防止冤假错案的规定》(中政委[2013]27号)、最高人民法院《关于建立健全防范刑事冤假错案工作机制的意见》、最高人民检察院《关于切实履行检察职能、防止和纠正冤假错案的若干意见》。

2. 主审法官、主任检察官、主办侦察员办案责任制改革不断推进

曲靖市中级人民法院印发《曲靖市中级人民法院关于完善员额法官、合议庭办案职责的规定(试行)》,规定了员额法官办案制度及责任归属机制。2015年以来,曲靖市中级人民法院在人民法庭开展主审法官责任制试点,建立"主审法官+法官助理+书记员"的审判团队。曲靖市人民检察院通过《曲靖市检察机关完善司法责任制改革实施意见(试行)》建立了检察官办案指导制度、建立了检察官联席会议制度并推行检察官办案责任制等相关制度,健全完善了检察官办案制度及运行机制。

3. 刑罚执行、社区矫正基本实现制度化、规范化

一是监狱狱务及罪犯管理相关制度、程序及结果公开情况良好。曲靖市各监狱在云南省监狱管理局门户网站，对罪犯的减、假、保工作，包括减刑建议书、假释建议书等都实行上网公布。

二是社区矫正制度规范，落实良好。自社区矫正制度建立至2016年底，全市司法行政机关累计接收社区服刑人员17 475人，累计解除矫正13025人，2016年1月至12月底接收社区服刑人员2073人，解除矫正2248人，现有在册社区服刑人员4450人，其中缓刑4132人、假释226人、管制6人、暂予监外执行86人。2016年第一、二、三、四季度衔接刑满释放人员4629人，安置4528人，安置率为97.81%，帮教4486人，帮教率为96.91%。截至2017年5月底，全市司法行政机关累计接收社区服刑人员18479人，累计解除矫正13 955人，2017年1月至5月，接收社区服刑人员1004人，解除矫正930人，现有在册社区服刑人员4524人，其中缓刑4227人、假释208人、管制6人、暂予监外执行83人。第一季度衔接刑满释放人员1110人，安置1110人，安置率为100%，帮教1073人，帮教率96.66%。

三、司法监督机制逐步健全

一是法律监督方面，检察机关切实履行法律监督职责，对立案、撤案等侦查活动、审判活动、刑罚执行和监管进行全面监督。

二是社会监督方面，曲靖市中级人民法院专门设立联系电话、电子信箱、法院大厅设置对外联络信箱，工作日安排廉政监察员在大厅值班接受社会来信来访，通过相关裁判文书网、网上直播开庭、微博、微信公众号、阳光司法等方式接受监督。曲靖市人民检察院利用现代化信息平台，设立"两微一端"，开通"曲靖检察"微信公众号，加强规范司法行为的外部监督。

三是内部监督方面，曲靖市中级人民法院制定监察工作的规章制度，开展警示教育集中整治纪律作风问题的自查自纠工作。曲靖市人

民检察院制定《曲靖市检察机关完善司法责任制改革实施意见》，完善内部监督。

四是司法廉洁制度不断完善。曲靖市检察院制定《曲靖市检察机关党风廉政建设考核办法》和《实施细则》《曲靖市检察院责任制考核情况通报》推行《廉政预警防控分析例会制度》。

四、司法公开基本得到落实

1. 审判公开

一是全面推进立案、庭审、执行、听证、文书、审务以及裁判文书等各方面的司法公开，录制并保留全程庭审资料。先后在"云南司法信息网""中国裁判文书网""中国庭审直播网""曲靖法院网"进行司法信息公开，建立"曲靖法院"微博、微信客户端，在法院大厅设置各类司法信息公开展示屏，从而推行网上立案、信访答询等网上诉讼服务，建立案件流转、执行信息网上查询系统，推进庭审网络直播、录播和裁判文书上网工作。

二是进一步完善当事人权利义务告知、群众旁听庭审、司法听证各项制度，在日常审理案件时通过合法程序告知当事人的权利义务，同时，曲靖市法院网的诉讼导航板块中的诉讼指南项目下刊登了题为"庭审过程及当事人的诉讼权利和义务"的文章，让当事人对自己的各项权利义务有明确了解。

三是公开司法拍卖环节，2017年1月1日起，最高人民法院《关于司法拍卖若干问题的规定》正式施行，司法拍卖开始了从传统的"线下"举牌到"线上"落锤。2016年至今，曲靖各法院司法拍卖在以常规线下拍卖为基础，对选定的评估机构—作出评估报告—进入拍卖环节进行公开；同时，稳步推进网络拍卖，到2016年年底，全市法院都入驻了淘宝网司法拍卖平台，提升了拍卖溢价率和成交率。

四是健全新闻发布。全市各法院通过相关政务网站，"曲靖法院网"以及各法院的微信公众号和微博客户端较好地完成各项新闻发布。

2. 检务公开

曲靖市人民检察院以检察门户网站、检察微博、微信公众号、新闻发布会为载体，及时发布检务资讯，推行检务公开。

3. 警务公开

自 2016 年以来，曲靖市公安局建立了警务信息定期通报制度和公安新闻发言人制度。"曲靖市网上公安局"可见办事权限、执法制度、办事程序、办事结果。

4. 司法行政公开

通过"曲靖长安网"和微博"司法行政"，公开了权责清单。

5. 人民陪审员选任、培训制度完善

曲靖市司法局与市人民检察院联合草拟了《曲靖市推进落实人民监督员制度改革实施办法》2016 年 12 月 13 日联合请示市委政法委转发了《实施办法》，12 月 15 日，《曲靖日报》刊登了《曲靖市司法局关于选任第一届市级人民检察院人民监督员的公告》，曲靖长安网等网络媒体也发布了《公告》在全省率先完成人民监督员改革工作，公开选任 41 名人民监督员，推荐上报了 5 名省级人民监督员。

五、执行难、执行乱问题破解取得成效

一是执行协作联动机制已经建立。2016 年 9 月，曲靖市委出台了《中共曲靖市委关于推进和加强人民法院执行工作的意见》，"党委领导、政府支持、法院主办、各界参与"的执行联动机制已形成，法院执行部门分别与公安、工商、民政、税务、国土、银行和其他金融机构等 19 个部门建立联动机制。

二是失信被执行人信息纳入社会征信系统。2016 年 9 月，曲靖市中级人民法院首次利用传统媒体和新媒体公布失信被执行人名单。到 2017 年 1 月，全市两级法院将 9994 名失信被执行人录入全国失信名单库，发布曝光 3211 人，并实行信用惩戒。同时，曲靖法院网还设置了"被执行人信息查询"端口。

三是生效判决、裁定的执行稳步推进。2016 年全年，全市法院受理执行案件 13 310 件，执结 11 148 件，执结标的额 55.97 亿元。2017 年 1 月至 7 月，全市法院受理执行案件 9689 件，执结 6 064 件。其中，中院收案 652 件，执结 313 件。"迅雷行动"期间，全市法院清理旧存案件 1511 件，执结 1309 件，执结率为 86.63%，中院执结 239 件。

六、司法人权保障机制基本建全

1. 严格执行罪行法定、疑罪从无、非法证据排除原则

一是在刑事案件办理中严格按照法律规定定罪量刑。在既不能证明被告有罪又不能证明被告无罪的情况下，推定被告人无罪。

二是遵循程序优先原则。重视程序的正对性和合法性，坚决防止和克服"重实体轻程序"的倾向。

三是加大证据审查力度。在新修改的《刑事诉讼法》实施以后，进一步重视对主句合法性的审查，不仅注重审查主体、形式的合法性，而且注重审查证据获取的方法、程序的合法性。

2016 年，曲靖市公安机关、检察机关在案件办理中未发生刑讯逼供、体罚虐待情况；能够贯彻执行司法人权保障机制和原则。

2. 诉讼权利保障、公益诉讼制度基本健全

诉讼权利保障制度基本建立。全市法院诉讼服务中心已全部建成并投入使用，以法院机关诉讼服务中心为窗口，以派出法庭和乡镇、村（居）委会诉讼服务站、点为延伸，以巡回审判为纽带，点线面结合的诉讼服务网络基本形成。通过进入社区、乡村、田间地头、企业及时就地化解矛盾，以速裁程序审结小额诉讼案件等。

公益诉讼制度建立健全。曲靖市人民检察院作为公益诉讼试点单位，制定了《关于配合检察机关开展中央环境保护督察组交办案件查办监督的通知》。截至 2017 年 6 月，共摸排公益诉讼案件线索 83 件，履行诉前程序发出检察建议 79 件，提起公益诉讼 16 件，全部为行政公益诉讼，开庭审理 16 件，收到判决 11 件，全部支持检察机关的诉讼请求。

3. 诉访分离机制有效落实

市委政法委、曲靖市中级人民法院、曲靖市人民检察院、曲靖市信访局均建立了诉访分离相关机制。其中较为典型的如2013年，曲靖市人民政府办公室印发《关于开展律师参与化解信访积案工作的通知》，建立了由律师参与信访积案化解写作机制；曲靖市中级人民法院制定了《信访、接访流程工作规则》明确规定了"诉的处理""访的处理"工作规则，全市法院积极推进涉法涉诉信访改革，畅通"由访转诉"入口，受理申诉及申请再审案件152件，引导当事人在法治轨道内处理信访问题。

4. 法律援助、司法救助落实到位

2015年，曲靖市中级人民法院落实国家司法救助制度，发放司法救助金495.89万元，救助774名特困申请人、刑事被害人。其中，中院为136名申请人发放司法救助金97万元。2016年发放国家司法救助金574万元，为549名特困申请人、诉讼当事人解决现实困难。

法律援助方面，2017年1月至5月，曲靖市法律援助机构共受理法律援助案件1608件，其中刑事案件659件，民事案件949件，法律咨询3403人次，免收法律服务费用500余万元，为当事人挽回经济损失2000余万元。

5. 律师职业保障机制基本健全

2015年曲靖市司法局先后印发《曲靖市中级人民法院、曲靖市人民检察院、曲靖市公安局、曲靖市司法局关于刑事诉讼中规范和保障律师执业权利的若干规定》及《曲靖市中级人民法院、曲靖市人民检察院、曲靖市公安局、曲靖市司法局关于依法保障律师执业权利和规范律师管理工作的意见》的通知；2016年，曲靖检察机关部署上线了"检察机关律师联络平台"和"人民检察院案件信息公开网律师查询平台"，上线了检察机关电子卷宗系统和律师阅卷系统，强化对律师执业权利的保障；2017年3月29日，曲靖市律师协会成立"维护律师执业权利中心和投诉受理查处中心"，有关律师执业保障机制基本健全。

第三节　存在的主要问题

在"法治建设满意度"问卷第 12 小题"您认为我市法官在案件审理中在保障公平公正方面做得如何？"的调查中，市委依法治市办调查得分为 49.8 分，项目组调查得分为 44.26 分。具体参见表5－3、表5－4。

表5－3　市委依法治市办调查统计表

选项	A. 非常好	B. 好	C. 一般	D. 不好	E. 非常不好	F. 不了解
人数	32	376	320	496	368	8
比例	2%	23.5%	20%	31%	23%	0.5%

表5－4　项目组调查统计表

选项	A. 非常好	B. 好	C. 一般	D. 不好	E. 非常不好	F. 不了解
人数	26	98	56	68	10	94
比例	8%	17.3%	25.3%	16.5%	3.4%	29. 5%

调查结果表明，虽然曲靖市在推进司法改革，保证公正司法方面取得了一些明显的成效，但曲靖市公众对于"公正司法"的满意度仍然较低。项目组认为，曲靖市在推进公正司法建设方面主要存在如下四个问题。

1. 司法公开力度不足

一是审判公开力度不足。主要表现在法院的庭审直播案件比例达不到 20% 的要求，科技法庭的使用次数不均衡，会泽县人民法院未在中国庭审公开网上直播相关庭审案件；立案、庭审、执行、听证、文书、审务以及裁判文书等各方面的司法公开未完全落实。

表5-3　曲靖市中级人民法院及下辖法院科技法庭使用统计表

法院	中院	麒麟	沾益	马龙	宣威	富源	罗平	师宗	陆良	会泽
使用次数	227	175	773	375	76	611	414	1438	485	54

表5-4 曲靖市中级人民法院及下辖法院直播统计表❶

法院	中院	麒麟	沾益	马龙	宣威	富源	罗平	师宗	陆良	会泽
直播数	47	80	55	64	87	280	1	90	73	0

二是检务信息公开不全面。检务公开的内容应有：检察案件信息、检察政务信息、检察队伍信息，从项目组目前掌握的情况看，检察案件信息、检察队伍信息公开不全面。

三是警务公开不到位。"曲靖市网上公安局"可见办事权限、执法制度、办事程序、办事结果，但在刑事案件公开方面，仅对一部分具有典型意义的案件进行公布，且未公开具体案件内容，也未公开办理过程。

2.审判资源短缺

一是入额法官数量偏少，审判压力大。全市入额法官共381名，以2016年全市法院受理各类案件56 958件计算，平均每名法官需要审理近150件案件，考虑到法官需要完成审理、裁判、送达、财产保全等工作以及诉讼案件逐年上涨的事实，项目组认为曲靖市入额法官还难以有效满足审判需要。

二是法官助理、书记员配置不到位。以中级人民法院为例，对法官、助理、书记员按 3：2：1 的比例进行团队组建，司法辅助人员的配备还不到位。

---

❶ 1.数据来源于中国庭审公开网，截至2017年8月3日。2.直播案件数需要达到总案件数量的20%，除去涉及国家秘密，个人隐私，商业机密等不公开的案件外，其余案件一般在中国庭审公开网上进行直播。对于可公开的重大案件，除在中国庭审公开网上直播外，还邀请媒体、记者到庭审现场录制，后续通过电视、报纸报道。此外，"曲靖法院"微信公众号、"曲靖法院"微博客户端、政务网站"曲靖法院网"实时发布信息对案件进行直播。

3. 刑罚执行需要进一步规范

2015 年至 2017 年 6 月，曲靖市检察机关共计纠正减刑、假释、暂予监外执行不当 58 件，纠正刑罚执行和监管活动中的违法情形 626 件次。数据表明曲靖市刑罚执行需要进一步规范。

4. 司法权的运行需要进一步规范

一是存在不严格遵守立案、庭审、执行、听证程序和时限的情况。法院在案件审理中存在滥用自由裁量权、滥用诉讼中止制度等情形以及不严格遵守司法各环节时限的情形。

二是公安机关刑事执法规范性需要提高。2015 年至 2017 年 6 月，曲靖市检察机关共书面监督纠正侦查活动违法情形 722 件次；纠正漏捕 255 人，纠正漏诉 221 人；对审查认为确有错误的刑事裁判提出抗诉 64 件。

三是司法人员存在违纪违法现象。根据从曲靖市纪委获取的数据，2016 年曲靖市政法系统违纪违法共 30 件 30 人，违法违纪件数占全省总件数的 11.9%，违法违纪人数占全省总人数 9.39%。项目组也检索到 1 件违法违纪信息 ❶。

第四节　完善的建议

1. 加大司法公开力度

一是完善科技法庭使用，确保庭审按要求进行直播。在中国庭审公开网上直播的案件数务必达到总案件数量的 20%。加强立案、庭审、执行、听证、文书、审务以及裁判文书等各流程节点信息的公开。

二是根据最高检《关于全面推进检务公开工作的意见》的要求，

---

❶ 2016 年 8 月至 9 月，会泽县看守所原副主任科员陈凤琼、古城街道派出所原科员金应东为在押人员石某某提供帮助，二人被县法院认定犯受贿罪、免予刑事处罚。近日，陈凤琼受到行政撤职处分，金应东受到留党察看二年、行政撤职处分。

检察案件信息、检察政务信息、检察队伍信息,除依法不应公开的之外,应实现全面公开。

三是创新警务公开机制,全力推动警务工作转型升级,以信息化手段深化执法公开,特别是加大案件办理信息的公开程度,拓宽人民群众对公安执法的监督渠道。

2. 深化改革,有效破解"案多人少"难题

一是增加司法辅助人员,实现法官、助理、书记员 1∶1∶1 配置。在案件量增长、员额数法官不变的情况下,应该尽快增加法官助理和书记员的配置,将占用法官较多时间的调查取证、送达等任务交由审判辅助人员承办,法律文书由审判辅助人员草拟后交由法官审核把关。将法官从繁琐的程序性、事务性工作中解脱出来,专注于审与判。

二是进一步推进案件简繁分流改革。在现有的基础上,建立独立的简繁分流工作平台对案件进行分流;对于简单案件,尝试推广令状式、要素式等格式化裁判文书,推进快审快结,有效将司法资源集中在疑难复杂案件的审理上。

3. 不断提高刑罚执行的规范性

一是按照司法体制改革关于严格规范减刑、假释、暂予监外执行的任务要求,落实办理减刑、假释、暂予监外执行案件的各环节责任,进一步规范办案标准和办案程序,明确各级、各部门、各办案人员的分工,落实办案责任制。

二是进一步规范"狱务公开"。通过深化狱务公开的内容和创新公开方式来确保执行减刑、假释、暂予监外执行的正确性和规范化。

4. 进一步规范司法权的运行

一是加强对审判权运行过程中各节点控制管理,规范法官审判行为。采取措施对立案、送达、财产保全、证据保全、证据交换、调查取证、排期开庭、裁判、执行、结案、评查、归档的各个节点进行全程跟踪,实现审判程序的管理与控制;对鉴定评估、中止、延期审理和审限临界等审判节点事项进行预警提示和督办；建立审判权运行管理和监督机制，加强部门和各环节之间配合紧密，相互协作、监督和制约，实现审判工作公开、公正、高效、有序地运转。

二是加大规范力度，提升刑侦执法规范化水平。要改革立案制度，通过健全接报案登记，统一接报案信息的汇总，完善受案立案的审查，明确受立案监督主管部门，综合运用事前审核，事中监督，事后纠错、执法质量考评等监督管理手段，全面加强对受立案工作的管理，切实提高受案立案工作的规范化水平。

三是进一步完善防范刑事冤假错案工作机制。根据最高人民法院《关于建立健全防范刑事冤假错案工作机制的意见》的要求，从严格执行法定证明标准，强化证据审查机制；切实遵守法定诉讼程序，强化案件审理机制；认真履行案件把关职责，完善审核监督机制；充分发挥各方职能作用，建立健全制约机制四个方面作出严格规定，有效防范冤假错案的发生。

第六章 法治宣传教育

法治宣传教育是推动全民守法的重要措施，在引导全社会增强法治观念、养成守法习惯、善于依法维权方面具有重大意义。曲靖市在法治宣传教育过程中强化重点对象的法治宣传教育，实践"谁主管谁普法""谁执法谁普法"等宣传教育机制，法治宣传教育工作机制逐步得到健全完善。

第一节 评估指标体系及得分

一、评估指标体系

本次评估中，为了与曲靖市依法治市专项组的工作相一致，在分项报告中将法治宣传教育作为专项工作进行撰写。"法治宣传教育"作为"全民守法"之下的二级指标，设置了 3 个三级指标，6 个观测点，并赋予相应的分值。具体参见表 6 - 1。

表6－1　法治宣传教育指标体系

一级指标	二级指标		三级指标	观测点	评分标准
全民守法 15 分	法治宣传教育机制健全 5 分	1	"谁主管谁普法"。普法工作责任明确。法制宣传教育工作机构建立健全，监督考核严格。法制宣传联席会议制度建立健全。宣传教育规划和年度普法计划的措施具体、责任明确。2 分	曲靖市普法工作机制、普法规划、普法计划及落实情况。（2分）	机制已经建立的，根据机制落实情况评价结果打分；机制未建立，的 0 分。
全民守法 15 分	法治宣传教育机制健全 5 分	2	"谁执法谁普法"的普法责任制严格落实。执法部门日常宣传和集中宣传相结合、执法办案和普法宣传相结合、属地管理和上下联动相结合的工作机制建立健全。普法任务明确，工作措施到位，协作机制完善。"谁执法、谁普法"工作纳入依法行政考核重要内容。（1分）	法院、检察院、公安、国土、住建、工商、卫生等部门普法宣传情况。（1分）	根据项目组评价结果打分。
全民守法 15 分	法治宣传教育机制健全 5 分	3	法律"六进"活动扎实开展。推进法律进机关，各级领导干部学法制度建立健全并落实，公职人员法律知识学习培训考核全覆盖。推进法律进学校，法制教育列入中小学校、中等职业学校和高等学校教学计划，实现教材、师资、课时、经费、考试"五落实"。（转下表）	（1）领导干部学法用法情况，公职人员法律知识学习培训覆盖率。（0.5分）	未达到 100% 的，少一个百分点扣 0.1 分。

续　表

一级指标	二级指标	三级指标		观测点	评分标准
全民守法 15 分	法治宣传教育机制健全 5 分	3	（接上表）推进法律进乡村、进社区,乡村、社区基层法制宣传和法律服务机制完善,对残疾人、失地农民、城市流动人口、下岗失业人员等群体的法制宣传和法律服务力度加大。推进法律进企业、进单位,企事业单位法律顾问制度和经营管理人员学法用法制度建立健全。（2分）	（2）中小学校、中等职业学校和高等学校教材、师资、课时、经费、考试落实情况。（0.5分）	根据项目组评价结果打分。
				（3）乡村、社区基层法制宣传和法律服务机制建设情况,对残疾人、失地农民、城市流动人口、下岗失业人员等群体的法制宣传和法律服务情况。（0.5分）	根据项目组评价结果打分。
				（4）法律进企业、进单位。企事业单位法律顾问制度情况和经营管理人员学法用法情况。（0.5分）	根据项目组评价结果打分。

二、得分情况

　　"法治宣传教育"评估的总分为 5 分,评估得分 3.6 分,得分率为 72%。3 个三级指标得分率分别为 85%、50%、70%。具体参见表 6 - 2.

表6-2　法治宣传教育得分、得分率统计表

二级指标	满分	得分	得分率	三级指标满分	得分	得分率
法治宣传教育机制健全	5	3.6	72%	2	1.7	85%
				1	0.5	50%
				2	1.4	70%

第二节　法治宣传教育取得的主要成效

一、"谁主管谁普法"机制健全

一是普法宣传教育组织机构健全。2017 年，曲靖市委成立"中共曲靖市委法治宣传教育暨普法工作领导小组"，全面负责领导全市的法治宣传教育工作。设置了"法治宣传教育"专项组，通过《中共曲靖市委依法治市领导小组成员单位工作职责》明确了成员单位工作职责。

二是普法宣传教育制度健全。发布《曲靖市"谁主管谁普法执法谁普法"责任制实施办法》，进一步强化了七五普法期间国家机关"双普法"责任制的落实。对普法责任主体和主要职责、具体工作、基本要求作出明确规定，并与曲靖市各单位签订了"双普法"工作目标责任书。拟定了双普法责任制考核细则。

三是普法选教育规划和计划完善。作为法治宣传教育专项组组长单位，曲靖市司法局起草了《关于在全市公民中开展法治宣传教育的第七个五年规划（2016—2020 年）》和《关于落实曲靖市法治宣传教育第七个五年规划（2016—2020 年）任务分工方案》。2017 年，发布曲司发 [2017]54 号文件，对曲靖市司法局 2017 年法制宣传教育工作作出明确计划，年度法治宣传教育计划的措施具体，责任明确。

四是注重创新法治宣传方式。通过实施《中共曲靖市委依法治市领导小组关于充分运用新媒体新技术开展法治宣传教育工作的通知》，注重运用新媒体等宣传方式。积极探索"互联网＋禁毒"宣传教育模式，建成国内首个 3D 数字禁毒教育基地。

曲靖市连续举办"法治之路. 平安曲靖""法治之路. 食安曲靖""禁毒""反恐"等为主题的大型法律知识竞赛活动，多部门积极参与，联动协同合作，在各方合作的过程中扩展了法律宣传教育，形成了影响力大、普法实效性强的特色活动。

二、"谁执法谁普法"工作开展落实

　　经过项目组对曲靖市市属重点执法部门普法宣传情况的调研，各执法部门均已开展落实所属执法事项的普法宣传。具体参见表6—3。

表6-3　重点执法部门普法宣传情况统计表❶

部门	普法情况
曲靖市司法局	围绕"平安和谐稳定"主题，开展"综治维稳宣传月""三·八"妇女维权周、"3·15"消费者权益保护日、"安全生产月""全民国家安全教育日"等宣传活动。
曲靖中院	共9次，分别到阳光社区、沿江街道、越州镇、曲靖师范学院等开展法进校园、法进社区、法进乡村，并开展网络在线直播普法。
曲靖市检察院	一是推行释法说理，不起诉、不抗诉案件双向答疑制度。二是以检察门户网站、检察微博、微信公众号、新闻发布会为载体，发布检务资讯，2015年至2017年6月共编发微博3293条、微信123期364条。三是开展法制宣传日、法制宣传周等、警示教育、"检察开放日"活动。
曲靖市公安局	与学校开展"少年警校"活动，宣传道路交通安全法律、法规。开展"6·27"不让毒品进校园试点活动。结合"4·15"国家安全法宣传日、"5·15"经侦宣传日、"6·1"网络安全法颁布实施、"6·26"禁毒宣传日、"110"宣传日活动、"12·2"交通宣传日和"12·4"宪法宣传日，开展宣传。利用公安微博、QQ群、论坛等及时发布110宣传活动、110报警常识。通过签订责任状、播放宣传片、文艺演出、展示宣传图片等形式进行宣传。
市国土局	开展4.22"地球日"、6.25"全国土地日"国土资源法律法规宣传。
市住建局	利用宣传栏、简报等现有宣传形式，开展经常性的法制宣传教育活动。开展"5·12防灾减灾日""全国节能宣传周和全国低碳日"和"安全生产月"宣传。
工商局	开展"新消费我做主""网络诚信，消费无忧""放心农资进乡村·红盾护农保春耕""尚德守法·共治共享食品安全""我的金融·我做主"宣传。

---

❶　统计时间为2017年1月至2017年6月。

续　表

部门	普法情况
卫计委	开展卫生计生专业技术人员法制宣传教育，学习《精神卫生法》等法律法规。

从表 6-3 可以看出，曲靖市依法治市各成员单位都结合自己的工作实际以及特点不同程度的开展了相应的普法宣传教育活动，曲靖市普法宣传教育工作开展落实情况良好。

一是形式多样。如曲靖市中级人民法院的"网络在线直播"，曲靖市检察院的"不起诉、不抗诉案件双向答疑"，曲靖市公安局的"少年警校"等。

二是内容丰富。包括"综治维稳""妇女维权""安全生产""国家安全""网络安全""防灾减灾""消费者权益保护""农资""金融"等方面的法律知识。

三是覆盖面广。如曲靖市中级人民法院开展的网络在线直播普法，受益群众 13 万余人。其中，面对面普法受益群众 2 万多人，发放宣传资料 2000 册左右，网络直播普法在线网民 11 万人。

三、法律"六进"活动有序推进

一是法律进机关方面。《关于认真做好国家工作人员网络在线学法考试系统推广应用工作的通知》（曲普办 [2016]1 号）要求，曲靖市国家工作人员学法用法有明确的工作要求和考核机制，要求实现 100% 的参与率，并开始执行，国家公职人员学法用法情况纳入到了年度干部考核中。

二是法律进学校方面。各学校均按照教育部相关要求，通过开展主题班会、少年模拟法庭等形式进行青少年法治教育，配备法制副校长和法制辅导员，在思想政治理论课程中开设有法律专门知识，定期在学校开展有关法律专题教育活动。

三是法律进乡村、进社区方面。市委宣传部与各区、县签订了法治文化专项《狠抓落实责任书》，要求各乡村、社区基层开展法治宣传和法律服务工作，对失地农民、城市流动人口、下岗失业人员等群体的法制宣传和法律服务，多数乡村、社区开始执行，开展法律宣传活动❶。

四是法律进企业、进单位方面。市司法局组织了企业经营人员参与国家工作人员网络在线学法考试系统的学习，部分企业开展了一些法治宣传活动。

❶ 罗平县马街镇采用文言文的方式进行普法宣传，撰写了"创建小城镇普法文言"，全文如下：父老乡亲记心间，人人都与法有关。学法用法是大事，莫把普法当负担。不懂法律害处大，如同盲人骑瞎马。人人学法长知识，心明眼亮走天下。盗窃抢夺诈骗犯，别人钱财他要占。法网恢恢疏不漏，多行不义必完蛋。莫为出气把人伤，包工养伤理应当。构成伤害不一般，定罪判刑去蹲监。亲人去世留遗产，男女都与继承权。继承方式分三类，遗嘱遗赠和法定。遗嘱遗赠要凭证，法定继承顺序清。共同财产应分明，莫当遗产全继承。嫁女也有继承权，叔伯不要去纠缠。老幼病残要照顾，堂侄打幡不算数。继承夫产能带走，他人不要乱伸手。继承要把团结讲，禁止侵占和哄抢。盖房使用宅基地，要与四邻好商议。权属明确再动工，千万不能赌口气。两家吵闹为一墙，不禁令人笑断肠。海阔天空退一步，让他三尺又何妨。杀人抢劫强奸罪，祸及人身害社会。民愤极大法不容，坚决打击判重刑。投毒爆炸和放火，危害安全酿恶果。提高警惕擦亮眼，"110"是报警点。男到女家去落户，女家男家一样在。结婚为了过日子，莫借婚姻索钱财。一夫一妻法规定，重婚纳妾应判刑。寡妇再嫁法律允，老人再婚应尊重。赌博恶习要改掉，勤劳致富走正道。淫秽物品莫沾摸，害人害己后悔晚。明知赃物你窝赃，他偷盗来你销赃。构成窝赃销赃罪，双双都得进班房。出现纠纷打官司，千万别忘找律师。伤残贫困找援助，又搞代理又辩护。法律顾问好参谋，维护权益免损失。债权文书经公证，不用审判先执行。远亲不如近邻好，和睦相处暖如春。有事多和邻居商，低头不见抬头见，莫为小事伤情感。一家有难大家帮，低头不见抬头见，莫为小事伤情感。自家孩子多管教，主动认错莫护短。法盲无端触刑律，犯罪定要受刑罚。判刑入罪后悔晚，只恨当初不学法。刑事犯罪危害大，证据确凿绳以法。除恶务尽扫公害，稳定社会安国家。妇女儿童受保护，岂容买卖当牲畜。买方卖方都犯罪，锒铛入狱是归宿。绑架勒赎扣人质，非法拘禁索财物。强盗行径人痛恨，法律严惩不饶恕。侮辱诽谤毁人誉，莫把此事当儿戏。文明礼貌树新风，维护社会好秩序。诬告陷害昧良心，欲把好人当坏人。事实一旦被查清，偷鸡不成蚀把米。结婚条件很重要，婚姻登记要牢记。法定婚龄是大事，男二十二女二十。儿女婚姻要自主，包办买卖终身苦。暴力干涉是犯罪，绝不只是家庭事。村霸街道是恶棍，横行乡里激民愤。百姓不要任欺凌，依靠法律保护神。封建迷信是骗术，上当受骗害得苦。科学技术是真经，帮你走上致富路。赡养抚养是美德，虐待遗弃是犯罪。生老病死人常情，相互帮助是常理，不尽义务法不容。感情破裂要离婚，切莫撕证和私奔，双方自愿找民政。亲朋借钱找到你，碍于情面不好拒。相互帮助是常理，借钱应当写借据。有借有还好来往，不要赖账翻脸皮。合法债权受保护，告到法庭会受理。细小纠纷找民调，构成犯罪别私了。法庭判决你不服，十五日内可上诉。普法教育任务艰，人人学法要争先。全民法律素质高，繁荣稳定乐陶陶。

第三节   存在的主要问题

1. 法治宣传教育的实效性需要加强

一是法治宣传教育仍然存在"形式化"的倾向。广场式、广播式、标语式、传单式的宣传方式依然存在，虽然也起到了一定的宣传教育作用，但不能真正起到提高公民法律素养的作用。

二是法律"六进"工作需要进一步推进。法律进机关方面，曲靖市国家工作人员参与学法用法考试的比例最低为98.53%，最高为99.78%，未达到100%。法律进学校方面，曲靖市中等职业技术学校师资缺乏，主要借助外力开展一些零星的法治宣传教育活动。法律进乡村、进社区方面，未能对失地农民、城市流动人口、下岗失业人员等群体开展具有针对性的法治宣传教育活动。法律进企业、进单位方面，没有专门负责的部门组织实施，基本没有开展过专项活动，对企业经营管理人员的学法用法情况没有明确要求。

三是访谈调查的结果反映出普法宣传教育仍需进一步深入。项目组在"法治建设满意度"问卷调查中，曾就"如何提高曲靖法治建设水平"征求意见建议，结果提到最多的就是"要多开展普法宣传教育"。具体包括"在公民中广泛开展法律知识和法治理念教育，增强公民意识和法治观念"、"加强一些法律的宣传，多动员人们参与，上大街上去宣传，深入学校去宣讲，让学生们多了解了解法律法规。在曲靖电视台做一档节目，用一些事件去让人们熟悉法律，使人们建立起法律意识。让老百姓知道怎样去用法律维权""希望政府加大对法律知识的宣传力度，加强法制建设，对公民的权益应该公开化，政府人员与公民应该多多沟通，政府机构部门应完善相关制度，多为老百姓带来福利"等。

2. "服务型"法治宣传模式尚未有效形成

除曲靖市司法局的6个公共法律服务示范点兼具法律服务和宣传教育功能之外，目前曲靖市各部门的法治宣传工作功能单一，未能把法治宣传教育与纠纷调解、社会综合治理、维权信访等工作有效结合起来，法治宣传教育工作服务性不强。

第四节　完善的建议

1. 不断增强法治宣传教育工作实效性

一是认真落实"双普法责任制"。特别是市司法局应当加大对"谁执法谁普法"工作的检查力度。市级层面各单位每年根据《曲靖市七五普法规划》制定并落实本年度的普法工作计划，普法要有具体活动支撑，避免形式化，年终要汇总分析和总结。

二是抓住普法宣传教育的重点对象。抓住领导干部、公务员、青少年、企事业管理人员等重点对象。通过这些群体的学法懂法、知法守法，发挥引领示范作用，进而实现全社会的遵法守法。

三是加大"法律六进"活动的针对性。针对社区、企业要有针对性地、系统性地开展法治教育活动。法制宣讲团的活动要定期化，避免组织架构成立后就没有实质性的宣讲活动。要明确对社区、对企业普法工作的责任主体，避免职能部门相互推诿。要对曲靖市企事业单位配备法律顾问情况进行摸底调查，准确掌握法律顾问的配置情况，更好指导各基层单位学法用法。

四是创新法治宣传模式，突出实效性。具体包括：（1）开展手机宣传。利用手机拥有庞大的受众群体的特点，通过法治短信平台、手机法治学校、手机法治报、手机法治影视、手机动漫等方式进行宣传。（2）广泛开展模拟法庭，这种方法比较适合于大中小学生。可以利用曲靖市两级法院、曲靖市律师协会以及曲靖师范学院的资源组织开展，能够使参加者更直观地接受法治教育。（3）借物宣传。通过银行、保险公司、医院、各类商家，还有政府部门及一些企事业单位都在根据各自需要使用电子显示屏开展宣传，而把法治内容纳入宣传之中，可以更有效的提升宣传价值和档次、品味。

2. 建设"法治宣传超市"，推动法治宣传向法律服务转变

为推动法治宣传与纠纷调解、社会综合治理、维权信访、法律服务工作相结合。可以结合曲靖实际，建设若干"法治超市"。

一是以司法所为中心，以律师事务所、法律服务所、法律援助中心、公证处、12348法律服务热线电话等为依托，通过整合司法行政及乡（镇）直乡（镇）办等相关部门资源，形成的一种多功能性法律服务组织。

二是开展政校合作，由司法行政部门与曲靖师范学院联手打造"法律超市"。由曲靖师范学院法学专业师生、合作事务所律师、司法所专职人员、退休法律工作者及特邀人士作为"超市服务员"，采用无偿的现场、在线和菜单式等服务方式，为社区居民和企事业单位提供法制宣传、法律咨询、纠纷调解、法律援助等法律产品。

三是组建临时性"法律超市"。在法制宣传日，组织市直机关、执法部门、高校等单位，搭建大型"法律超市"向市民普法，并开展现场咨询、法律知识有奖问答等活动。

第七章 法治文化

　　法治文化是一种公众共同认同的法治观念和价值判断，是全体社会成员对法治的普遍态度，十八届四中全会以来。曲靖市坚持以法治文化建设为引领，推进落实依法治市，把社会主义核心价值观融入法治建设，大力营造浓厚的法治氛围。

第一节　评估指标体系及得分

一、评估指标体系

　　在本次评估中，为了与曲靖市依法治市专项组的工作相一致，将法治文化作为专项工作报告进行撰写。"法治文化"是"全民守法"之下的二级指标，共设置3个三级指标，11个观测点，并对观测点赋予相应的分值。具体参见表7－1。

表7-1　法治文化指标体系及评分标准

一级指标	二级指标	三级指标		观测点	评分标准
全民守法 15分	法治文化多元繁荣发展 5分	1	法治文化活动开展形成长效机制；法治文化设施城乡全覆盖。法治文化主题公园建设完善。电台、电视台、网络法治主题栏目设立并有效开展活动。（2分）	（1）法治文化活动开展情况。（0.8分）	根据项目组评价结果打分。
				（2）法治文化设施城乡覆盖程度。（0.4分）	根据项目组评价结果打分。
				（3）法治文化主题公园建设情况。（0.4分）	根据项目组的评价结果打分。
				（4）电台、电视台、网络法治主题栏目设立并及开展活动情况。（0.4分）	根据项目组的评价结果打分。
		2	社会主义核心价值观融入各类社会规范。民族文化、宗教文化与法治文化多元发展，相互融合。（2分）	（1）把社会主义核心价值观融入法治国家、法治政府、法治社会建设的情况。（0.6分）	根据项目组的评价结果打分。
				（2把社会主义核心价值观融入科学立法、严格执法、公正司法、全民守法的情况。（0.8分）	根据项目组的评价结果打分。
				（3）民族文化、宗教文化与法治文化多元融合情况。（0.6分）	根据项目组的评价结果打分。
		3	理论研究及平台建设得到加强。高等学校、科研院所、法学研究机构和行业协会、学会等有组织地开展重大法治课题研究。打造法治文化阵地，在基层重点区域和公共场所开展法制宣传教育，传播法治文化。法制宣传教育与法治实践相结合的法律服务平台建立完善。（1分）	（1）曲靖市社科联法治课题分布情况。（0.2分）	项目达2%课题总量以上，不扣分；1%，扣0.1分；没有，得0分。
				（2）市委党校、曲靖师范学院法治课题研究情况。（0.3分）	根据项目组的评价结果打分。
				（3）曲靖市法学会、律师协会、曲靖师范学院开展法治宣传情况。（0.2分）	根据项目组的评价结果打分。
				（4）法治宣传教育与法治实践相结合的法律服务平台建立完善情况。（0.3分）	根据项目组的评价结果打分。

二、得分情况

法治文化评估总分 5 分，评估得分 3 分，得分率为 60%。3 个三级指标的得分率分别为 75%、50%、50%。具体参见表 7—2。

表7-2 二级指标、三级指标得分情况

二级指标	满分	得分	得分率	三级指标满分	得分	得分率
法治文化多元繁荣发展	5	3	60%	2	1.5	75%
				2	1	50%
				1	0.5	50%

第二节 法治文化建设主要成效

一、法治文化活动开展情况良好

一是突出法治文化活动开展的效果。2016—2017 年度，曲靖市委宣传部组建了市、县、乡三级宣讲团，加大对法治文化宣传的力度和广度。曲靖中院、市检察院、市公安局等开设了"道德讲坛"，在创建"文明乡镇（村、社区）"中进行法治文化宣传，把法治文化宣传和道德教育较好的结合起来。

二是法治文化设施建设基本做到全覆盖。法治宣传教育公益广告植入城市广场户外 LED 显示屏以及汽车站、火车站等场所的 LED 显示屏，坚持每天滚动播出法治宣传；各基层单位开展的文明创建活动中，法治文化宣传栏、文化墙、文化长廊成为文化建设重要内容，普及法律知识，树立法治理念和法治精神成为考核内容。

三是曲靖首个以"科学立法、严格执法，公正司法、全民守法"大型法治文化主题公园瑞和公园已建成并向市民开放❶，多个公园建立了"法治宣传栏"，让市民在休闲娱乐间学法、知法、守法，对潜移默化中提高市民法律素养起到了重要作用。

四是充分利用新闻媒体开展法治宣传。开设《法治曲靖》电视栏目，法治宣传更加贴近群众生活，使得法治教育受众广，宣传效果明显。

五是充分利用曲靖市法学会、律师协会法律人才优势，在基层开展法治讲座，宣讲法治相关知识。各类法治文化有序开展，法治文化得以弘扬。

二、积极推动将社会主义核心价值观融入法治建设

一是启动机制建设。2017年3月9日法治文化专项组召集各成员单位开工作部署会，要求认真贯彻落实中央办公厅、国务院办大厅《关于进一步把社会主义核心价值观融入法治建设的指导意见》，研究制定曲靖的实施意见。作为司法机关，曲靖市人民检察院和曲靖市中级人民法院率先进行作出尝试。曲靖市检察院制定了《关于进一步把社会主义核心价值观融入法治建设的实施方案》，在查办职务犯罪、未成年犯罪、提供法律服务中进行社会主义核心价值观教育。曲靖中院少年庭通过开庭前了解未成年被告情况，做好对未成年被告审判工作，通过"北斗星"活动帮扶未成年罪犯，践行社会主义核心价值理念。2016年7月8日，曲靖市麒麟区人民法院自主拍摄的微电影《为大山做主》和《爱的信号》首映，有效融合了法治文化及社会主义核心价值观。

二是平台建设取得突破。全市第一个"社会主体核心价值观主题公园"大花桥公园建成，成为社会主义核心价值观宣传的重要阵地。龙潭公园等社会主义核心价值观主题公园正在打造之中。

三、开展法治理论研究，建设法律服务平台

加强法治理论研究，近几年，曲靖市理论研究机构获得省部级"法治课题"共有6项，4项已经结题，目前在研2项。在各类期刊发表法学学术

---

❶ 该公园分为法治形象墙、法治长廊、普法长廊，结合公园自然景观，通过雕塑、悬挂、立体展板等载体，将法治理念、法治文化融入其中，赋予公园法治内涵。

论文 100 余篇。在开展法治宣传，推进法治建设，提高法治理论研究水平等方面作出了一定贡献。曲靖市司法局已建设完成 6 个公共法律服务示范点，曲靖市中级法院通过在诉讼服务大厅设立电子屏播放典型案件的方式进行宣传教育，进行了法制宣传教育与法治实践相结合的法律服务平台建设的有益尝试。

第三节　存在的主要问题

一、法治文化的特色不明显，精品工程不多

曲靖市目前的法治文化建设，除"法治文化主题公园"瑞和公园、"社会主体核心价值观主题公园"大花桥公园、麒麟区人民法院"法治微电影"、《草鞋县令》等少数精品工程之外，基本上还是传统的老套路，未能与人民群众的实际相结合，缺少人民群众喜闻乐见的形式以及优秀作品，极大的影响了法治文化普及和深入的程度。

二、把社会主义核心价值观融入法治建设的深度和广度不够

虽然曲靖市人民检察院制定了工作机制，其他机关也在推进社会主义核心价值观融入法治建设上进行了有益的尝试，但无论在深度和广度上，与《关于进一步把社会主义核心价值观融入法治建设的指导意见》的要求显然还存在较大的距离。一是道德教育的普及面不够。目前开展"道德讲坛"的机关讲坛内容主要围绕本机关的工作及任务展开，受众也仅限于本机关人员；在内容上未能全面覆盖职业道德、社会公德、家庭美德；在受众上未能覆盖多数人民群众。二是未能有效将社会主义核心价值观融入到法治曲靖创建的全过程。特别是在诚信政府、诚信社会的创建上，无论从制度措施还是方法手段上都显得较为滞后。三是未能将社会主义核心价值观有效融入到科学立法、严格执法、公正司法的全过程。

三、法治理论研究有待加强

法治课题研究是提高法治文化建设水平的重要环节，曲靖市目前的法治理论研究还处于较低层次，主要体现为：一是缺乏具有代表性的成果。法治理论研究缺乏系统性，尚未形成相对固定的研究主题和方向，也未形成稳定的科研团队、科研合力，横向课题和纵向课题数量少、层次低。目前，没有获得教育部和国家社科课题获得立项。二是理论研究机构未对地方法治文化建设做出应有贡献。作为地方法治文化建设的主要资源，曲靖市高等院校、科研机构、法学会、律师协会在开展法治宣传，推进法治建设，提高理论研究水平等方面没有能够做出应有贡献。另外，在现有的法治理论成果中，真正立足于曲靖实际的理论成果不多，对于曲靖法治建设中的决策借鉴意义不大。

四、法治文化同曲靖地方文化融合不够

法治文化内涵涉及法治的体制形态、法治体系、法治思想、社会心理以及公民的日常行为规范等各个方面。就目前曲靖法治文化建设情况来看，现有的法治文化无论从内容还是形式来看，都较为单调，没有很好的同曲靖的本土文化、民族文化、历史文化、城市文化融合起来，对曲靖民众缺乏足够吸引力。

第四节　完善的建议

1. 打造特色法治文化，加强法治文化同曲靖地方文化的融合

一是进一步加强法治文化阵地建设。随着全民健身热潮的兴起，公园已经成为市民日常休闲娱乐的重要场所。建议充分发挥曲靖现有的资源优势，在龙潭公园、麒麟公园、寥廓公园、河滨公园、珠江源广场以及白石江公园等公园、广场、街巷中进一步融入法治文化元素。将法治文化宣传教育和休闲娱乐结合起来，使市民在潜移默化中接受法治文化的熏陶。

二是结合本地特色文化，打造法治文艺精品项目。如：把法治文化融入到本地丰富的山歌、花灯、民族舞蹈之中，通过曲靖人民喜闻乐见的艺术形式，展示法治建设的成果。把法治文化融入到婚丧嫁娶关键环节中，通过在祝词、悼词中加入法治语言，实现法治宣传教育功能。引导本地文艺工作者进行法治文化主题作品创作，提高法治文化的层次。

三是充分挖掘本地历史文化，把历史资源运用到法治宣传教育中。曲靖本土具有丰富的法律文化碑刻资源，如富源县的"鬻琴碑"和"遗爱碑"、会泽县的《上水洞晓谕碑》《崇礼乡公立碑》《云峰寺永垂不朽碑》《三圣宫晓谕碑》《永期遵守碑》等，也留下了"去思德政塞天地"的孙士寅这样的清官事迹，都值得深入研究和大力宣传。把这些文化、人物事迹编写成文艺作品或者拍成电视、电影，无疑会让本土群众感到分外亲切，自然就会自觉接受。另外，还可以通过评比表彰"曲靖法治人物"，编辑《曲靖地方法治人物》。将法治文化与曲靖地方文化进行有效融合，凸显品牌与特色。

2. 努力把社会主义核心价值观融入法治建设全过程中

一是整合"道德讲堂"，扩展主题，扩大覆盖面。各部门每一年度道德讲堂的主题应汇总至市委宣传部进行总结分析，以便加强对道德讲堂的总体规划和指导，避免重复化和碎片化。把"道德讲堂"的主题扩展到社会主义核心价值观的各个方面。将"道德讲堂"的受众范围尽量扩大到普通市民，进而有计划的扩展到社区、农村。

二是努力把社会主义核心价值观融入到法治曲靖创建的全过程。特别是通过大力弘扬诚信文化，在全市广泛形成守信光荣、失信可耻的文化氛围。加快社会信用体系建设步伐，形成公开、透明、具有公信力的社会信用平台。加快信用制度体系建设，逐步建立统一的征信平台，准确、及时地记录经济社会活动中的信用情况。让诚信的企业和个人能走遍天下，失信的企业和个人寸步难行。

三是努力把社会主义核心价值观有效融入到曲靖市立法、执法、司法的全过程。特别是在执法和司法层面，应该通过建立健全机制，提高执法人员素养，创新工作方法，创建管理和服务模式，使管理和服务对象自觉接受教育，逐渐落实社会主义核心价值观，形成核心价值风尚。

3. 加强法治理论研究及实践平台建设

一是提强化相关单位的科研意识，曲靖市法院、检察机关、律师协会、法学会、高等院校应提高认识，把进行法治理论研究作为提高本地法治文化水平，全面推进曲靖法治建设一项基础性的工作来做，也把进行法治理论研究作为推进本单位执法、司法水平的重要环节来推进。

二是提高对法治课题研究的支持力度。曲靖市社科联应当在每年的课题申报指南中列出法治专项课题，从市级层面夯实理论研究的平台。创造条件，推动曲靖法律从业人员积极申报纵向横向课题，通过课题研究提高曲靖市法治理论研究水平。鼓励理论研究立足于曲靖实际，实现法治理论成果能直接服务于曲靖地方法治建设。

三是整合力量，尽快形成曲靖市法治理论研究的团队，明确研究方向，尽快产生高水平的研究成果。

第八章　社会治理法治化

　　法治是社会治理的内在要求和理想目标，是现代社会发展的必然趋势。提高社会治理法治化水平是加强社会治理创新的重要内容，是顺应时代发展潮流之道。党的十八届四中全会以来，曲靖市围绕法治曲靖、平安曲靖建设，积极推动社会治理法治化，党委领导、政府主导、社会协同、公众参与、法治保障的社会治理体系基本形成。

第一节　评估指标体系及得分

一、评估指标体系

　　本次评估中，"社会治理法治化"一级指标之下设置 4 项二级指标，8个三级指标，18 个观测点，并对观测点赋予相应的分值。具体参见表 8 - 1。

表8－1　社会治理法治化

指标一级	指标二级		三级指标	观测点	评分标准
社会治理法治化（10分）	多层次多领域依法治理深入推进（3分）	1	系统治理格局形成。政府治理和社会自我调节、居民自治良性互动机制建立健全，党委领导、政府负责、社会协同、公众参与、法治保障、全社会齐抓共管的新型社会治理格局基本形成。（1分）	政府治理和社会自我调节、居民自治良性互动机制是否建立？党委领导、政府负责、社会协同、公众参与、法治保障、全社会齐抓共管的新型社会治理格局是否形成？（1分）	良性互动机制建立，不扣分，机制未建立，得0分；新型社会治理格局形成，不扣分。未形成，为0分。
		2	源头治理机制健全。社会稳定风险评估制度全覆盖，实现应评尽评。党政主导的网格化服务管理工作全面推进，群众诉求第一时间得到反映和解决。"大调解"工作体系不断完善，"诉非衔接"和"检调对接"机制全面推广。（1分）	（1）社会稳定风险评估制度覆盖情况。（0.3分）	制度完善，覆盖情况良好，不扣分；未建立，得0分。
				（2）网格化服务管理工作推进情况（0.3分）	服务管理工作全面推进，不扣分；个别区域未推进，适当扣分。
				（3）"大调解"工作体系建立情况，"诉调衔接"和"检调对接"机制推广程度。（0.4分）	体系完善，机制建立，不扣分；未建立，得0分。
社会治理法治化（10分）	多层次多领域依法治理深入推进（3分）	3	基层自治有效落实。基层群众自治组织办公有场所、工作有制度、运行有台账、经费有保障，村(居)民会议或代表大会制度有效落实，村(居)务监督（转下表）	（1）基层群众自治组织办公场所、工作制度、运行台账、经费保障情况。（0.3分）	制度建立，运行良好，不扣分；制度建立，运行情况不好的，根据项目组评估结果扣分；制度未建立，为0分。

续　表

一级指标	二级指标		三级指标	观测点	评分标准
社会治理法治化（10分）	多层次多领域依法治理深入推进（3分）	3	（接上表）委员会等组织完善，村（居）务公开、民主评议等制度落实。（1分）	（2）村（居）民会议或代表大会制度建立及运行情况。（0.3分）	制度建立，运行情况良好，不扣分。制度建立，运行情况不好的，根据项目组评估结果扣分；制度未建立，为0分。
				（3）村（居）务监督委员会完善情况，村（居）务公开、民主评议开展情况。（0.4分）	机构已设置并规范运行，不扣分；机构已设置，运行情况不好的，根据项目组评估结果打分；机构未建立，为0分。制度开展情况根据项目组评估结果扣分。
	法律服务体系健全完善（2分）	4	法律服务资源有效整合，法律服务体系健全。法律援助体系完善，援助流程规范，便民服务举措得到落实，应援尽援得到实现。引导律师事务所走专业化、规模化、国际化道路。法律服务市场监管有力，行政管理与行业自律相结合的管理体制健全。少数民族地区法律人才尤其是"双语"人才得到重点培养和足额储备。（2分）	（1）曲靖市律师事务所、专兼职律师、法律工作者人数、专业情况、学历情况、ABC证情况。（0.5分）	法律服务资源与曲靖市地方经济社会发展相适应，不扣分。不相适应，根据项目组评估结果扣分。
				（2）律师事务所专业化、规模化情况。（0.4分）	引导机制建立健全，不扣分；未建立，但有一定的引导措施，根据项目组评估结果扣分。
				（3）法律援助人（件）数，应援尽援比例。（0.4分）	体系完善，应援尽援得到实现，不扣分。未得到实现，为0分。
				（4）法律服务市场监管情况。（0.4分）	监管体制完善，有效运行，不扣分；不完善，根据项目组评估结果扣分。
				（5）少数民族地区法律人才、"双语"人才培养及储备情况。（0.3分）	人才培养及储备与曲靖市经济社会发展相适应，不扣分；落后于经济社会发展，为0分。

一级指标	二级指标		三级指标	观测点	评分标准
社会治理法治化（10分）	社会矛盾预防化解机制健全（2分）	5	社会矛盾排查、评估预警、利益表达、协商沟通、救济救助、突发事件应对处置等制度机制建立健全并有效运行。（1分）	社会矛盾排查、评估预警、利益表达、协商沟通、救济救助、突发事件应对处置等制度机制建立情况。（1分）	相关机制建立健全并有效运行，不扣分；机制建立但未有效运行，根据项目组评估结果进行扣分。部分建立，根据项目组评估结果扣分。未建立，为0分。
		6	社会矛盾纠纷多元化解，依法处置。（1分）	社会矛盾纠纷多元化解机制建立运行情况。（1分）	机制建立、并有效运行不扣分；机制建立，但运行效果欠佳，根据项目组评估结果进行扣分；未建立，为0分。
	社会治安综合治理效果明显（3分）	7	社会治安综合治理责任落实到位。平安和谐村(社区)、平安和谐乡镇(街道)活动和行业平安创建活动广泛开展。（1分）	社会治安综合治理责任落实情况。平安和谐村(社区)、平安和谐乡镇(街道)活动和行业平安创建活动开展情况。（1分）	责任落实到位，不扣分。创建活动广泛开展，并取得良好效果，不扣分。责任落实不力，创建活动未开展，为0分。
		8	社会治安整体联动防控体系完善。流动人口服务管理工作机制健全，特殊人群服务管理制度完善。各类违法犯罪活动得到有效打击，治安混乱复杂地区和（转下表）	（1）流动人口、特殊人群服务管理制度建设情况。（0.7分）	制度健全，落实情况良好，不扣分；制度建立，落实情况不好，根据项目组评估结果扣分。未建立，为0分。

续　表

指标一级	指标二级	三级指标	观测点	评分标准
社会治理法治化（10分）	社会治安综合治理效果明显（3分）　8	（接上表）场所得到有效整治。群众安全感不断提升。（2分）	（2）各类违法犯罪活动得到有效打击，治安混乱复杂地区和场所得到整治情况。（0.7分）	社会治安治理效果明显，不扣分。社会治安治理效果不明显，根据项目组评估结果扣分。
			（3）群众安全感满意率。（0.6分）	排名位于云南省前1／2段，不扣分；位于9–12名，扣0.2分；位于13–16名，为0分。

二、得分情况

本项评估总分为 10 分，评估得分 6.5 分，得分率为 65%。四个二级指标中，得分率最高的为 75%。得分率最低的为 43%。8 个三级指标中，得分率最高的为 100%，得分率最低的为 0。具体参加表 8 – 2。

表8-2　二级指标、三级指标得分率

二级指标	满分	得分	得分率	三级指标满分	得分	得分率
多层次多领域依法治理深入推进	3	1.3	43%	1	0	0%
				1	0.9	90%
				1	0.4	40%
法律服务体系健全完善	2	1.5	75%	2	1.5	75%
社会矛盾预防化解机制健全	2	1.5	75%	1	0.8	80%
				1	0.7	70%
社会治安综合治理效果明显	3	2.2	73%	1	1	100%
				2	1.2	60%

第二节　社会治理法治化工作取得的主要成效

一、多层次多领域依法治理逐步推进

1. *源头治理机制健全，落实情况良好*

一是社会稳定风险评估实现全覆盖。针对社会重大事项，建立了社会稳定风险评估制度，出台了《曲靖市重大事项社会稳定风险评估制度（试行）》及相关的实施细则。具体落实方面，有关部门每年均对社会重大事项进行社稳风险评估。●制度覆盖范围广，责任主体明确，实施程序清晰。

二是网格化服务管理工作全面推进。出台了《关于在全市社区（村）推行网格化服务管理的意见》。全市 9 个县（市、区）和经济技术开发区，42 个街道、50 个镇、42 个乡，390 个社区、1262 个行政村，在不改变基层享有组织体系、不打破现有行政区划和现有管理各具的前提下，当前全市农村划分网格 1320 个、村小组网格等其他网格 7422 个，配备专职网格员 443 人、兼职网格员 6806 人；城镇社区划分网格 312 个、其他网格 1275 个，配备专职网格员 1710 人、兼职网格员 6995 人。建立了曲靖市网格化信息化服务管理平台，实现了全市 9 个县（市、区）和经济技术开发区及 134 个乡（镇、街道）、1652 个村（社区）网格、233 个派出所、司法所，54 个市、县两级专业矛盾纠纷调处机构，663 个市县两级综治成员单位互联互通。在城乡，以小组为单元设置若干"十户"联防互助小组设 1 名户长，每个村小组或者自然村设 1 名中心户长。1 个联防互助小组由 10 户 30 人左右将自己手机终端加入网格化服务管理平台，使用短号"6995"，实现"一呼九应"互助报警，现有"6995"网格群组 8.7 万个，手机用户 90 余万户。自 2015 年推行网格化服务工作以来，全市各网格开展走访巡查 125.2 万次，接受和办理群众服务诉求 931.4 万件，受理和排查矛盾纠纷 62 448 件、调解 62 030 件，成功率 99.3%。

● 2016 年，曲靖市进行重大事项社稳风险评估 137 个，2017 年上半年进行 29 个

三是大调解工作体系不断完善，"诉调衔接"和"检调对接"机制全面推广。在司法局、政府法制办、法院、检察院、公安局、信访局、综治办设立人民调解、行政调解、司法调解、检察院和解、公安局调解、矛盾纠纷受理、综合协调督查7个工作室。村（社区）一级成立调解室，配备1～2名专职治保调解员。设置情况具体参见表8－3。

表8-3　调解案件、调解人员统计表

机构	人民调解委员会	行政调解组织	法院调解组织	检察调解组织	公安调解组织
数量	1816	41	734	40	1600
调解员	12898	232	734	89	3600

此外，全面推广落实"诉调衔接"和"检调对接"。2014年，曲靖市中级人民法院被确定为全省唯一的"诉讼与非诉讼相衔接的矛盾纠纷解决机制改革"试点中院。在9个基层法院同时设立诉调对接中心，与工商、国土、交警等建立相对固定的诉调对接关系的同时，利用派出法庭设置与综治、司法、人民调解委员会等实现对接。在没有派出法庭的乡（镇）和村（居）委会设立巡回办案点，形成了以乡（镇）为依托，以村（居）委会、村（居）民小组、集镇为辐射点的大调解诉调对接网络，最大限度将矛盾化解在基层，搭建无缝诉非衔接平台。实行人民陪审员、人民调解员、诉讼信息联络员"三员合一"的化解社会矛盾纠纷机制。2015年4月被最高人民法院授予"全国多元化纠纷解决机制改革示范法院"称号。

2. 基层自治有序推进 ❶

从项目组调查的15个村委会、居委会的情况看，近年来曲靖市在基层

---

❶ 针对本项，项目组采取抽查的方式，对各区县的15个村委会、居委会进行了实地调研，分别为经开区翠峰街道朝阳社区居委会、麒麟区三宝镇五联村委会、会泽县（古城街道中河村委会、火红乡罗邑村委会）、罗平县（钟山乡舍克村委会、富乐镇乐峰村委会）、宣威市（龙场镇罗营村委会、文兴乡太平村委会）、陆良县三岔河镇棠梨村委会、马龙县通泉镇小寨村委会、沾益区（大坡乡威格村委会、西平街道华林社区）、师宗县彩云镇足法村委会、富源县（后所镇杨家坟村委会、十八连山镇天宝村委会）。

自治方面的主要表现在以下三个方面。

一是基层群众自治组织办公场所、设备基本完备，有工作制度、有运行台账，上级部门划拨的经费能保障自治组织的运行。

二是基层民主政治建设逐步完善。从村（居）民会议或代表大会制度的结构组成、议事程序等方面看，基本达到《村委会组织法》《居委会组织法》的相关要求，部分区县还制订了相关的实施方案，例如沾益区出台了《关于在美丽宜居乡村建设示范村推进"民主法治村"创建工作的实施方案》，针对村级重大事务实行"四议两公开"。即"党组织提议，村两委会商议、党员大会审议、村民代表会议或村民会议决议，决议内容公开、实施结果公开"的程序进行决策。村级监督员全程监督"四议两公开"。村民代表会议每季度至少召开 1 次，会议内容记录详细，会议结果以一定的方式进行表决，与会代表对表决结果签名盖章，并公示存档。

三是监督制度基本健全。基层自治组织均设置了监督委员会，2016 年 3 月，曲靖市全面启动村（社区）"两委"换届工作，换届共涉及 1646 个村（社区）、15 540 个村（居）民小组。具体做法上，各监督委员会在职责落实、规则制定、具体实施方面存在一定的差异，罗平县在全县 154 个行政村（社区）设立村（居）务监督委员会，选举产生村（居）务监督委员 538 名，编制印发了《罗平县村（居）务监督委员会工作手册》，收录与村（居）务监督委员会履行职责有关的政策法规 4 部，建立完善规章制度 6 项，制作设计工作表册 4 类，规范了村务监督委员会职能职责和履职程序。村（居）务公开、民主评议的开展情况以罗雄街道为例，全面推行村（居）务公开工作。明确党和国家在农村的方针政策；村级财务收支详细情况；集体资产管理情况；有关政策落实情况；公益事业建设情况；社会救助情况；计划生育情况；工作安排情况；村（居）干部管理情况；其他涉及村（居）民利益和村（居）民普遍关心、要求公开的事项 10 方面为主要公开内容。

二、法律服务体系逐渐完善

一是律师、律师事务所增长较快。截至 2017 年 7 月底，曲靖市现有律师事务所 80 家、律师 621 人，其中专职律师 566 人、公职律师 33 人、兼职律师 4 人、法律援助律师 18 人。部分律师事务所初具规模，在专业化建设方面进行了初步探索，如划分了不同的专业服务团队、确定相对相对的专业方向或领域等。

二是法律援助方面成效显著。法律援助体系完善，援助流程规范，应援尽援得到实现，2016 年，法律援助 5151 件，应援尽援比例 100%；2017年上半年，法律援助 1608 件，应援尽援比例 100%。

三是律师及律师事务所监管机制健全，监管程序规范。常规工作中，按年度对律师事务所及律师年度进行检查考核并形成年度报告。设立了曲靖市律师协会"维护律师执业权利中心"和"投诉受理查处中心"，全市律师维权及投诉查处机制更加健全完善、工作流程更加规范，维权和投诉渠道更加畅通。出台了《曲靖市司法局公共法律服务实体平台建设意见》《曲靖市公共法律服务实体平台基本建设标准（试行）》，公共法律服务实体平台建设成效显著。

三、社会矛盾预防化解机制基本健全

1. 社会矛盾纠纷预防机制基本建立

社会矛盾排查方面，2016 年，全市各县（市、区）均按照相关要求召开了矛盾纠纷排查调处工作协调会。从具体落实情况看，全市采取拉网式、地毯式排查，形成了县（市、区）每 10 天、乡（镇、街道）每 7 天、村（社区）每 5 天、村民小组每天排查一次的工作制度。

评估预警方面，市维稳办坚持每半月一研判的工作机制，每半月形成研判报告报省维稳办，每季度形成极度研判报告报市委市政府。❶

突发事件应对处置方面，自 2005 年曲靖市出台《曲靖市突发公共事件总体应急预案》以来，各区县、各部门、行业结合社会发展情况和部门实际，制定了相应的应急预案，突发事件应对处置机制已建立。从运行情况看，全市设置了 17 个武装处突单元，全年、全天候囤警街面。各地根据治安实际设置 1、3、5 分钟处置圈，明确武装处突单元必到点 28 个。运行情况良好。

---

❶ 2016 年，发出《预警通知书》124 份，形成《维稳研判报告》130 份；2017 年上半年发出《预警通知书》15 份，形成《维稳研判报告》28 份。

利益表达、协商沟通方面。各级纪检监察机关及时成立群众诉求工作机构，对群众诉求实行"一站式"受理。通过整合有关部门的力量，已成立市级群众诉求中心 1 个，县级群众诉求中心 10 个，乡级群众诉求中心 134 个，村级群众诉求工作室 1 626 个。全市每一个群众诉求中心均开通了群众来信、来访、来电、短信平台、网络邮箱、民情意见箱等诉求反映渠道。通过联动办理、重点督办、专项督查等方式，有针对性地对工作人员进行个案培训、现场辅导。

救济救助机制方面。出台了《曲靖市社会救助实施细则》《曲靖市人民政府关于建立临时救助制度的实施意见》等相关文件。建立了临时救助、司法救助、信访救助等救助机制。

2．社会矛盾纠纷多元化解机制健全

建立了矛盾纠纷调处化解综合机制，完善了"五级联动、三调衔接"的大调解格局，巩固了"以案定补""以奖代补""无案奖励"机制。同时，充分发挥边界调解联动优势，积极做好跨区域矛盾纠纷调解工作和信访积案化解工作。❶具体成效见表 8 - 4、表 8 - 5。

表8-4　2016年各级人民调解组织调解矛盾纠纷情况表

调解矛盾纠纷	调解成功	调解成功率	避免民转刑	避免上访事件	避免群体性事件
50 082 件	49 565 件	99%	452 起	201 起	81 起

表8-5　近3年全市各级行政机关受理行政纠纷情况表

行政纠纷	调解结案	撤案	调解成功
3 518 件	3 236 件	46 件	2985 件

---

❶ 三年来，全市联合毗邻州（市）、县（市、区）化解接边地区矛盾纠纷104件。

四、社会治安综合治理效果良好

1. 社会治安综治责任落实到位，平安创建活动开展情况良好

一是严格落实综治责任制。根据中共中央办公厅、国务院办公厅《健全落实社会治安综合治理领导责任制规定》，认真贯彻落实领导责任制、一票否决制，实施通报、约谈、挂牌督办等措施，把综治工作实绩与业绩评定、职务晋升、奖励惩处等挂钩。2016年，共给予年度综治考评先进单位干部职工发放奖金 1 513 500 元；通报单位 4 个；约谈 9 人；挂牌督办单位、部门 11 人；对单位、部门一票否决 4 个；陆良县因综治责任制落实不力免职 1 人。

二是平安和谐村（社区）、平安和谐乡镇（街道）活动和行业平安创建活动广泛开展。坚持分级实施、分类指导原则，分解落实目标任务，形成市、县、乡、村、组"五级联创"，系统（部门）联动的创建格局。全市平安县、乡、村创建率达 100%，命名率分别达 100%、90%、85% 以上。2016年，曲靖市被省委、省政府表彰为综治工作先进州市，曲靖火车站创评为省级平安火车站。现共有省级"平安县（市、区）"9 个，平安乡（镇、街道）"五星级"56 个、"四星级"27 个、"三星级"20 个、"二星级"21 个、"一星级"130 个，市级平安单位"三星级"7 个、"二星级"53 个、"一星级"130 个，创建平安村（社区）1 596 个、平安单位 3 137 个、平安家庭 307 510 户、平安校园 742 校、平安林区 40 个、平安市场 18 个、平安矿山 17 个、平安银行 57 家、市级平安旅游景区 2 家、平安旅游饭店 11 家、市级平安火车站区 22 个。

2. 社会治安防控体系建设稳步推进

一是流动人口、特殊人群服务管理制度已建立。流动人口、特殊人群服务管理制度是社会治安综合治理中的重要环节。首先是建立和完善"以证管人、以房管人、以业管人、以网管人"的流动人口服务管理模式；2016年，新登记流动人口 69 023 人、出租房屋 8 789 户、登记暂住人口 72 276 人、办理居住证 66 972 个。其次是建立健全流动人口服务管理机构；在市、县（市、区）、乡（镇、街道）三级设立协调领导小组及办公室 132 个，在

流动人口较多的社区（村）设立办证服务站（点）468 个，聘用专职协管员 497 名，兼职协管员 606 人，基本实现了流动人口服务机构全覆盖。再次是健全预防青少年违法犯罪工作机制；加强在校学生法制宣传教育，建立落实流浪乞讨儿童救助机制；加强对刑满释放人员、社区服刑人员的管理服务，加大对易肇事肇祸精神障碍患者、艾滋病病毒感染者及病人、吸毒人员的排查、治疗、矫治力度，开展"以奖代补"落实严重精神障碍患者监护人责任工作。下发了《关于实施以奖代补政策落实严重精神障碍患者监护人责任的实施意见》。

二是各类违法犯罪活动得到有效打击，治安混乱复杂地区和场所基本得到整治。在社会治安防控上，推进立体化社会治安防控体系建设，强化"六张网"建设；推进单位内部防控网建设；推进城乡社区防控网建设；加大普法宣传力度。严厉打击各种违法犯罪，不断增强人民群众的安全感。

第三节　存在的主要问题

1. 基层群众自治有待进一步推进和完善

一是自治组织财力、物力匮乏，政府投入成为主体。从调研的情况看，15 个村委会（居委会）普遍存在对基层自治经费的投入严重不足，经费主要依靠政府划拨的问题。

二是角色错位。基层自治组织不同程度地存在着职能定位不清、权责模糊等现象，偏向于成为政府的延伸"行政"组织，领导和推动基层群众自治的自主性和内动力不足。

三是村（居）务公开存在不足。在被调研的 15 个村委会（居委会）中，没有公开的 1 个；公开不全面的 10 个（主要是没有公开年度财务计划及其各项收入和支出）；公开全面详细的仅 4 个。

四是选举认同度低。在项目组"法治建设满意度"第 19 题"村（居）委会主任等成员的选举应该依法进行，您对所在地区的选举满意吗"的问卷调查中，得分仅为 54.38 分。具体结果参见表 8 - 6。

表8-6　村民选举满意度调查结果

选项	A. 非常满意	B. 满意	C. 一般	D. 不满意	E. 非常不满意	F. 不了解
人数	24 人	77 人	110 人	71 人	57 人	13 人
比例	6.8%	21.9%	31.3%	20.2%	16.2%	3.7%

2. 法律服务资源与地方经济社会发展水平不相适应

一是法律服务资源相对欠缺。截至 2016 年低，全国共有专兼职律师 32.8 万名，每万人拥有律师数约为 2.5 人❶。截至 2017 年 7 月，曲靖市共有专兼职律师 570 名，（专职律师 566 名、兼职律师 4 名），每万人拥有律师数不足 1 人，远低于全国平均水平。

二是律师事务所规模化、专业化程度较低。目前曲靖共有 80 家律师事务所，人数最多的律师事务所执业律师约 50 人，平均每家律师事务所约 7 人；规模化程度还较低，而且人员流动频繁。虽然部分资深律师事务所在某一领域已经形成了相对的专业声誉，但没有律师事务所真正达到专业化水平和要求。

3. 打击犯罪的力度需要加大

一是刑事案件发案率仍处于高位。2016 年，全市公安机关共立刑事案件 35 947 起，立案数比 2015 年下降了 4.12%，仍在高位徘徊。全省共发生一次死亡 3 人以上命案 8 起，曲靖市发生了 4 起，占全省总数的 50%，治安形势好转的基础并不牢固。

二是重点领域犯罪需要加大整治力度。2016 年，"两抢一盗"等严重影响社会治安的案件立案 29 354 件；曲靖市在打击传销违法犯罪、需要进一步加大力度。

三是群众安全感满意度低。云南省综治办发布的群众安全感满意度调查结果显示，2016 年，曲靖市群众安全感满意率全省第 10 名；2017 年上半年排 15 位，列全省倒数第二位。本次评估中，在"法治建设满意度"调查

---

❶ 以第六次人口普查登记的大陆 31 个省、自治区、直辖市和现役军人的人口 [3] 共 1 339 724 852 人为基数。

问卷第 14 小题"对于犯罪份子，应该严厉打击，您觉得我市在着方面做得怎么样？"调查中，市委依法治市办调查得分为 62.73 分；项目组调查得分为 37.95 分。结果显示，曲靖市民认为打击犯罪方面做得还不够好。具体参见表表 8 - 7、表 8 - 8。

表8-7　打击犯罪满意度调查统计表（市委依法治市办）

选项	A. 非常好	B. 好	C. 一般	D. 不好	E. 非常不好	F. 不了解
人数	44	272	68	308	908	0
比例	2. 8%	17%	4.3%	19.3%	56.8%	0

项目组调查结果得分 62.73 分。

表8—8　打击犯罪满意度调查统计表（项目组）

选项	A. 非常好	B. 好	C. 一般	D. 不好	E. 非常不好	F. 不了解
人数	105	110	43	28	18	105
比例	29.8%	31.3%	12.2%	8%	5%	29. 8%

第四节　完善的建议

1. 健全充满活力的基层群众自治机制

十八大报告指出，健全基层党组织领导的充满活力的基层群众自治机制，以扩大有序参与、推进信息公开、加强议事协商、强化权力监督为重点，拓宽范围和途径，丰富内容和形式，保障人民享有更多更切实际的民主权利。

一是充分发挥中国共产党农村基层组织的领导核心作用，领导和支持村民委员会行使职权；依照宪法和法律，支持和保障村民开展自治活动、直接行使民主权利。

二是贯彻落实《中华人民共和国城市居民委员会组织法》《中华人民共

和国村民委员会自治法》，转变乡（民族乡、镇）和街道办职能，改变传统的管理方式，主要发挥对村（居）委会的工作指导、支持和帮助的职能。

三是厘清基层自治组织工作职责。根据《村民委员会组织法》《居民委员会组织法》及相关法律法规，厘清基层群众自治组织依法履行的职责以及协助政府工作事项，公布明确的"职责清单"，通过做减法依法规范、减轻基层自治组织负担。

四是进一步推进信息公开。根据《中华人民共和国城市居民委员会组织法》《中华人民共和国村民委员会自治法》的要求，进一步从规范公开形式、完善公开内容、明确公开时限、确定责任人及责任追究等方面推进村（居）务公开全面落实。

五是加强村（居）务监督。一方面，制定村（居）务监督考核机制，将村务监督工作纳入绩效考评；为激励村务监督委员会履行职责的主动性，应制定和完善激励机制；另一方面，拓宽方便快捷的监督渠道，确保村民监督渠道的通畅。

2. 健全机制，引导律师事务所走规模化、专业化道路

一是规模化建设方面：

（1）加强律师事务所人力资源建设，对律师事务所进行整合，实现人脉、专长上的互补，达到人力资源的最佳配置状态，形成竞争力。

（2）优化人力资源管理机制，合理安排人才结构，形成人才梯度，在人才引进、人员培训、人员激励、人员自我价值提升等方面形成比较完善的人力资源管理体系。

（3）提升律师事务所的管理效率，律师事务所应根据自身情况适时改善办公硬软件设施设备，通过 OA 系统、财物管理系统、各类数据库和梳理规整各类基础数据资料等信息化途径，提升律师事务所的管理效率，降低成本、控制风险、确保服务质量。

（4）强化律师事务所的业务拓展能力，通过资源整合、团队运作、专业分工等优势来获取更多更具有含金量的业务。

二是专业化建设方面：

（1）引导律师事务所进行专业化规划，组织律师事务所主任或骨干到区内外大所、强所考察或邀请知名律师传授专业化建设经验等方式，激发专业化意识，加快专业化建设步伐。律师事务所应当自主进行专业化规划，确定发展目标，改革案源开拓、定价收费、收案、分案、业务管理、收入分配等机制逐步建立或完善引导律师向专业化发展的制度和支持本所专业化建设的管理制度和保障机制。

（2）鼓励律师事务所进行专业化实践。设立开拓市场的专门机构，加强市场跟踪研究，创新服务内容和方式。律师事务所应当组建业务部门或业务团队，梳理业务品种，形成若干专业性强、综合能力强、专业化程度高的业务部门。律师协会应对已实施和准备实施专业化实践的律师事务所给予一定的鼓励政策。

（3）是倡导律师事务所进行专业化交流。使专业化律师人才能高效、自由的流通，相互借鉴专业化模式和吸取经验教训，使专业化道路走的更稳更快。

3. 加大刑事犯罪打击力度，切实提升人民群众安全感满意度

提高人民群众的安全感满意度，是一项系统工程，只有做到有效打击犯罪，严惩违法犯罪人员；提高防控密度和水平，有效化解积怨和纠纷；转变工作作风，树立良好形象；解决突出问题，赢得群众认可；努力让人民群众感受到公平正义，保证各项事业在和谐稳定的社会环境中顺利推进，才能有效提升人民群众安全感和满意度。

一是创新机制，加大新型犯罪打击力度。加大在大数据云计算方面的投入，整合全市公安机关数据，引进社会数据，为打击防范犯罪提供数据支持。探索实践多警种参与的信息合成作战，建立信息合成作战中心（室），构建信息合成作战三级联动机制。加强与社会单位的联动，并建立相关的联动机制，如警银联动止付机制、警通联动封堵机制等。加强防范宣传，提高群众的安全防范意识，在公安机关窗口、社会窗口单位开展宣传，充分利用群众到各窗口办事的时机，开展各种防范宣传。

二是持续加大针对传销、"一盗两抢""拐卖妇女儿童""诈骗"等犯罪的打击力度，专门设立举报平台，创新社区联动机制，使犯罪份子无处藏身。

第九章　公民法治意识与人民群众法治建设满意率

　　对公民法治意识与人民群众法治建设满意率的测评，属于本次评估中的主观部分，通过调查问卷的方式进行。公民法治意识赋分值 4 分，人民群众法治建设满意率赋分值 5 分，根据调查问卷的回答情况，按照选 A（非常好或者非常满意）得 100 分，选 B（满意或好）得 80 分，选 C（一般）得 60 分，选 D（不满意或不好）得 40 分，选 E（非常不满意或非常不好）得 20 分，选 F（不了解）得 0 分的标准❶，计算出调查平均分值，再按照 4% 或者 5% 的比例，计算出最终得分。

　　本次评估的问卷调查采用两种方式进行，一是由市委依法治市办在督查调研中发放问卷进行调查，调查对象为党委、政府和职能部门工作人员，覆盖了市直各部门及县市区；二是由项目组成员带领学生采用"1 对 1"进行问卷调查，调查对象为普通市民、农民，覆盖了曲靖所有县市区以及经济技术开发区，具体包括麒麟区（越州镇、三宝镇）、经开区（翠峰街道）、富源县（十八连山乡、后所镇）、沾益区（西平街道、大坡乡）、罗平县（富乐镇、钟山乡）、陆良县三岔河镇、宣威市（文兴乡、龙场镇）、会泽县（火红乡、古城街道）、马龙县（通泉镇、月望乡）、师宗县彩云镇。

---

❶ 根据题目设计的需要，公民法治意识测评问卷中 6、7、12、13、14、15、16 小题为选 A 得 20 分，选 B 得 40 分，选 C 得 60 分，选 D 得 80 分，选 E 得 100 分，选 F 得 0 分。

第一节　调查结果

一、公民法治意识

1. 市委依法治市办调查结果

本项调研通过市委依法治市办发放问卷对市直部门和县（市、区）政府工作人员进行调研。在调查对象中，性别分布为男864人、女636人；年龄分布为20～30岁306人、30～40岁513人、40～50岁417人、50～60岁255人、60岁以上9人；全部为大专及以上学历。

市委依法治市办共回收问卷1828份，其中有效问卷977份，废卷851份；县（市、区）政府共回收问卷1327份，其中有效问卷584份，废卷743份。有效问卷合计为1561份，为方便计算，统计了其中1500份。具体统计结果参见表9－1。

表9－1　公民法治意识测评结果统计表（市委依法治市办）

题号＼选项	A	B	C	D	E	F	得分
1	399	633	276	33	9	150	72.4
2	318	609	366	54	24	129	70.08
3	264	576	453	66	57	84	68.96
4	456	603	339	57	6	39	77.72
5	234	603	384	36	12	231	64.36
6	222	612	417	45	18	186	39.56
7	177	633	522	87	12	69	45.56
8	180	606	486	156	18	54	68.16
9	183	672	489	54	9	93	69.16
10	222	639	522	81	18	18	72.16

续 表

题号＼选项	A	B	C	D	E	F	得分
11	228	687	396	54	39	96	69.64
12	159	570	414	81	30	246	40.2
13	195	504	360	87	15	339	36.08
14	237	741	378	81	18	45	43.56
15	192	618	540	114	27	9	48.52
16	240	591	462	87	51	69	45.4
17	207	534	423	48	21	267	60.76
18	153	639	474	105	9	120	66.16
19	150	519	462	159	33	177	60.84
20	165	678	507	96	18	36	70.24
合 计	59.48						

2. 项目组调查结果

本项调研通过项目组"1 对 1"的方式进行。共计调查了包括涵盖曲靖所有县（市、区）、经济技术开发区在内的市民和村民共计 352 人，在调研对象中，性别分布为男 186 人、女 166 人；学历分布为小学 110 人、初中 78 人、高中 82 人、大专及以上 70 人、文盲 12 人；年龄分布为 20 ～ 30 岁 98 人、30 ～ 40 岁 86 人、40 ～ 50 岁 78 人、50 ～ 60 岁 50 人、60 岁以上 34 人。具体统计结果参见表 9 - 2。

表9-2 公民法治意识测评结果统计表（项目组）

题号＼选项	A	B	C	D	E	F	得分
1	145	110	51	32	4	10	78.75
2	125	179	18	6	4	20	80.17

题号\选项	A	B	C	D	E	F	得分
3	157	147	16	11	12	9	82.67
4	58	148	42	54	6	44	63.75
5	29	58	69	132	30	34	49.89
6	16	74	46	92	102	22	67.05
7	27	60	28	74	133	30	67.73
8	128	144	26	30	6	18	77.27
9	78	72	114	26	30	32	62.61
10	99	158	38	15	12	30	72.9
11	66	114	108	48	6	10	68.86
12	35	63	87	121	14	32	55.45
13	22	52	66	144	46	22	64.2
14	27	18	10	82	181	34	75.34
15	34	42	58	126	82	10	68.52
16	21	26	30	117	142	16	76.19
17	92	136	66	52	4	2	74.43
18	66	152	74	40	18	2	71.48
19	113	131	42	36	8	22	73.58
20	56	160	62	42	10	22	68.18
合计				69.95			

3. 最终评分结果：2.46 分 ❶；平均得分：61.5 分。

---

❶ 计算共分两步，第一步：（59.48×1500+69.95×352）÷（1500+352）= 61.47；第二步 61．47×4% = 2.46。

二、人民群众法治建设满意率

1. 市委依法治市办调查结果

本项调研通过市委依法治市办发放问卷对市直部门和县（市、区）政府工作人员进行调研。在调研对象中，性别分布为男 889 人、女 711 人；学历分布为小学 9 人、初中 25 人、高中 48 人、大专及以上 1518 人；年龄分布为 20 ~ 30 岁 326 人、30 ~ 40 岁 595 人、40 ~ 50 岁 483 人、50 ~ 60 岁 194 人、60 岁以上 2 人。

市直部门共回收问卷 1674 份，其中有效问卷 928 份，废卷 746 份；县（市、区）政府共回收问卷 1416 份，其中有效问卷 675 份，废卷 741 份。有效问卷合计为 1603 份，为方便计算，统计了其中 1600 份，具体统计参见表 9 - 3。

表9-3 市委依法治市办调查结果统计表

选项 题号	A	B	C	D	E	F	得分
1	1052	424	112	8	4	0	91.4
2	964	600	20	8	0	8	91.2
3	972	588	28	8	4	0	91.47
4	668	760	96	64	12	0	85.1
5	236	540	172	468	176	8	62.1
6	68	228	156	492	656	0	42
7	100	196	188	268	844	4	40.35
8	752	712	60	28	48	0	86.15
9	292	656	484	100	64	4	72.5
10	516	908	116	28	20	12	82.95
11	328	856	196	196	24	0	75.85
12	32	376	320	496	368	8	49.8

题号＼选项	A	B	C	D	E	F	得分
13	80	408	244	484	376	8	51.35
14	44	272	68	308	908	0	37.95
15	112	376	292	472	328	20	52.65
16	48	388	156	372	632	4	45.45
17	452	836	136	132	40	4	78.95
18	368	756	276	180	8	12	75.75
19	488	976	104	32	0	0	84
20	344	1028	108	68	48	4	89.8
合计	69.34						

2. 项目组调查结果

本项调研通过项目组"1 对 1"的方式进行。共计调查了涵盖曲靖所有县（市、区）、经济技术开发区在内的市民和村民共计 352 人，在调研对象中，性别分布为男 176 人、女 176 人；学历分布为小学 92 人、初中 85 人、高中 69 人、大专及以上 90 人、文盲 16 人；年龄分布为 20～30 岁 102 人、30～40 岁 85 人、40～50 岁 78 人、50～60 岁 53 人、60 岁以上 34 人。具体统计结果参见表 9 - 4。

表9-4　项目组调查结果统计表

题号＼选项	A	B	C	D	E	F	得分
1	28	77	108	24	5	110	46.88
2	46	82	136	15	3	70	57.76
3	28	87	137	54	16	30	58.13
4	30	64	119	79	30	30	54.03

续　表

题号＼选项	A	B	C	D	E	F	得分
5	34	92	107	50	13	56	55.17
6	28	70	120	60	18	56	52.16
7	25	41	175	64	31	16	55.28
8	24	84	126	68	34	16	57.05
9	16	69	145	41	33	48	51.48
10	18	100	132	60	28	14	72.95
11	30	84	108	66	44	20	55.51
12	28	61	89	58	12	104	44.26
13	26	98	56	68	10	94	47.5
14	48	105	110	43	28	18	62.73
15	60	88	144	52	6	2	67.84
16	46	70	111	69	32	24	55.74
17	36	103	84	29	6	94	51.59
18	22	106	136	62	14	12	61.36
19	24	77	110	71	57	13	54.38
20	30	68	170	64	10	10	60.28
合计	56.1						

3. 最终评分结果：3.35 分❶；平均得分：67 分。

---

❶ 计算共分两步，第一步：（69.34×1600+56.1×352）÷（1600+352）= 66.95；第二步：66.95×5% = 3.35。

第二节　调查结果分析

一、公民法治意识

曲靖市公民法治意识问卷调查的平均得分为 61.5 分。其中，市委依法治市办调查的得分为 59.48 分，项目组调查的得分为 69.95 分，均低于到本次评估 72.41 分的总得分。具体参看图 9 – 1。

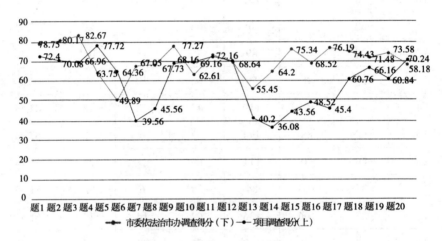

图 9—1　公民法治意识调查得分

从市委依法治市办调查的结果看，得分在 70 分至 80 分之间的为第 1、2、4、10、20 题，调查内容分别为"法律在日常生活中的作用""权力是否应当受到监督和限制""法无授权是否即禁止""原被告诉讼地位是否应平等""犯罪分子是否应有辩护权"；得分在 60 分至 70 分之间的为 3、5、8、9、11、17、18、19，调查内容分别为"法无禁止是否即自由""信访、举报、投诉对督促政府依法行使权力是否能够发挥作用""依法解决纠纷是否最佳方式""对违法行为是否应该举报""购物是否应索要发票"；表明曲靖市国家工作人员对于一般性的法律知识、法律原则和法律精神的理解是不存在什么障碍的。不及格的是 6、7、12、13、、14、15、16 题，调查内容分别为"官员的行为选择应依据程序还是实效""上访是否是解决纠纷的最佳方式""是否应否案外给法院施加压力""红灯应否限制行人""清官与法院哪个重要""是否应该采用威胁、敲诈方式解决纠纷";上述题目与其他题目相比并没有什么特殊性,但各选项赋予的分值采用的是逆向排序。

项目组与市委依法治市办在调查结果上具有较大的差异,出现了得分超过80分的2、3两题,调查内容分别是"权力是否应当受到监督和限制""法无授权是否即禁止";表明普通群众对于权力应该被限制的认识是基本到位的。没有达到及格线的仅有第5题,调查内容为"法无禁止是否即自由",表明普通群众对于自己应该享有的权利认识不足。

二、人民群众法治建设满意率

曲靖市法治建设满意度问卷调查的平均得分为67分,其中,市委依法治市办调查的得分为69.34分,项目组调查的得分为56.1分,均低于到本次评估72.41分的总得分。具体结果参看图9-2。

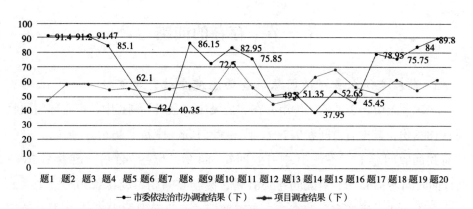

图9-2　人民群众法治建设满意率调查得分

从市委依法治市办的调查结果看,得分在90分以上的是第1、2、3题,分别是对"党委决策""人大、政协职能发挥""反腐败工作成效"的满意度;得分在80~90分之间的是第4、8、10、19、20题,分别是对"领导的法治思维""政府及部门及时公开涉及群众切身利益和普遍关心的事项""政府机关工作人员提供服务时的表现""村(居)委会选举""法治建设综合满意程度"；得分在 70 ~ 80 分之间的是第 9、11、17、18 题，分别是对"权责清单公布""行政执法文明程度""外来人员与本地人平权""未成年人、残疾人、妇女同胞和老年人的权益保护"的满意度；得分在 60 ~ 70 分之间的是第 5 题，是对"曲靖地方立法状况"的满意度；未达到及格线的是第 6、7、12、13、14、15、16 题，分别是对"政府重大决策""政府机关依法办事""司法公正""法律援助""打击犯罪的力度""公民守法状况""劳动者合法权益保障"的满意度。

从项目组调查的情况看，得分最高的第 10 题，为 72.95 分，是对"政府机关工作人员提供服务时的表现"的满意度；其他达到及格线以上的为第 14、15、18、20 题，分别是对"打击犯罪的力度"、"公民守法状况""未成年人、残疾人、妇女同胞和老年人的权益保护""法治建设综合满意程度"的满意度；其余的第 1、2、3、4、5、6、7、8、9、11、12、13、16、17、19 题均未达到及格线。

第三节　存在的问题

1. 国家工作人员对待问卷调查的态度应该引起重视

本次调查中，市委依法治市办在"公民法治意识"调查中，市直部门回收问卷 1828 份，其中有效问卷 977 份，废卷❶851 份，废卷率 46.6%；县（市、区）政府共回收问卷 1327 份，其中有效问卷 584 份，废卷 743 份，废卷率 56%；共计回收问卷 3155 份，有效问卷 1561 份，废卷 1594 份，废卷率 50.5%。在"人民群众法治建设满意率"调查中，市直部门共回收问卷 1674 份，其中有效问卷 928 份，废卷 746 份，废卷率 44.6%；县（市、区）政府共回收问卷 1416 份，其中有效问卷 675 份，废卷 741 份，废卷率 52.3%；共计回收问卷 3090，有效

---

❶ 以下几种被认定为废卷：一是在题干上打钩，无法判断选择的是哪个选项的；二是只对极少数题目进行选择，多数题目未做出选择的；三是一律选择一个选项，特别是对于"公民法治意识"调查问卷中 6、7、12、13、14、15、16 小题应该做逆向选择的题目也做出了同样选择，项目组认为这类被调查对象根本没有阅读题目，因此将其作为废卷处理。

问卷合计为 1603 份，废卷合计 1487 份，废卷率 48.1%。

废卷率处于高位，虽不能直接说明曲靖市国家工作人员的法治意识水平低，但至少反映出这部分被调查对象消极和抵制的态度，是对推进曲靖法治建设一种不负责的表现。

2. 公众法治意识淡薄，法治素养有待提升

"公民法治意识"调查中，市委依法治市办的调查对象主要是政府及政府职能部门工作人员，最终得分为 59.48 分。在问卷共 20 道选题中，得分未达到及格线的共有 7 题；如果以平均本次评估的总得分 72.41 分为标准，市委依法治市办调查得分低于平均分的题目共计 19 题，仅第 4 题得到 77.72 分，超过本次评估的总得分。在项目组对普通市民、村民的调查中，第 4、5、6、7、9、11、12、13、15、18、20 题得分低于 72.41 分，第 5、12 题得分未及格。

项目组认为，虽然市委依法治市办与项目组的调查结果存在一定的偏差，部分题目的得分还存在较大的差距，但是总体而言，曲靖市公众在法治意识层面存在的问题还是具有较大的共性的，因此项目组将其合并进行分析。通过对调查内容以及调查结果的分析，曲靖市公众普遍欠缺以下几个方面的意识。

一是对公权力必须受到限制认识不足。问卷第 2、3、4、7 题的得分情况反映出，曲靖市公众尚未普遍树立"宪法法律是最高准则""国家机关和国家工作人员应该受到普遍的监督""法无授权即禁止"的法治理念。具体参见表 9—5。（统计表中得分 1 为市委依法治市办调查得分，得分 2 为项目组调查得分，下同）

表9-5 法治意识问卷调查得分统计表

题号	题 目	得分1	得分2
4	对国家机关来说，当法律没有授予它某项权力时，就就意味着他不能去行使这项权力，您同意吗？	77.72	63.75
7	有人认为权大于法，因为法律是有权力的人制定的，您同意吗？	45.56	67.73

二是程序意识需要加强。问卷第 6 题的得分情况反映出，曲靖市公众还普遍存在"重实体，轻程序"的理念，对程序公正与实体公正的关系认识还不到位。具体参见表 9 - 6。

表9－6　法治意识问卷调查得分统计表

题号	题　目	得分1	得分2
6	评价官员最主要的标准是能干事情、干大事情，因此只要是能够为大多数老百姓带来好处的事情，可以不考虑法律的程序规定，您同意吗？	39.56	67.05

三权利意识有所欠缺。问卷第 5、17、20 题的得分情况反映出，公众还缺乏对权利的正确认识，也缺乏维护自己合法权利的意识。具体参见表 9 - 7。

表9－7　法治意识问卷调查得分统计表

题号	题　目	得分1	得分2
5	对普通老百姓来说，如果法律没有禁止我们去做的事情，就是我们可以做的事情，您同意吗？	64.36	49.89
17	如果在商店买到了一件质量低劣的商品，有人说应该坚决举报，您同意吗？	60.76	74.43
20	有人说，犯了罪的人也应该得到保护，也有权利为自己进行辩护，您同意吗？	70.24	68.18

四是依法解决纠纷的意识不足。问卷第 11、12、13、15、16 题的得分情况反映出，曲靖市公众还较为依赖上访等方式来解决纠纷，存在通过非法律的手段给审判机关施加压力的思想，对法律的刚性约束认识还不足。具体参见表 9 - 8。

表9-8 法治意识问卷调查得分统计表

题号	题 目	得分1	得分2
11	按照法律规定来解决纠纷是最佳方式,您同意吗?	69.64	68.86
12	上访是解决纠纷的最佳方式吗,您同意吗?	40.2	55.45
13	当觉得法院的判决不公平的时候,有人建议应该想办法给法院施加压力,您同意吗?	36.08	64.2
15	当遇到冤屈的时候,有人认为找清官比找法院更重要,您同意吗?	48.52	68.52
16	某甲被乙打伤以后,他邀约亲戚朋友找到某乙,要求某乙拿出10万元人民币私了,否则就要将某乙打成和自己一样,某乙答应了要求,您同意某甲的做法吗?	45.4	76.19

五是诚信意识薄弱。问卷第18题的得分情况反映出,曲靖市公众诚信状况还处于较低的水平。具体参见表9－9。

表9-9 法治意识问卷调查得分统计表

题号	题 目	得分1	得分2
18	有人说,既然答应了别人的事情,就应该做完,不能随便反悔,您同意吗?	66.16	71.48

3.法治建设满意度低

本项调查共计20题,涵盖了本次评估的所有一级指标。其中1至4题的调查内容属于依法执政和组织保障范畴,5题属于科学立法范畴,6至11题属于依法行政范畴,12至14题属于公正司法范畴,15题属于全民守法范畴,16至19题属于社会治理法治化范畴,20题是对法治建设综合满意度的调查。

市委依法治市办调查的平均得分为69.34分,基本与本次评估总得分持平。共有8道题的得分低于本次评估总得分,其中7道题的得分不及格,占所有题目的35%。具体参见表表9－10。

表9－10　法治建设满意度统计表

题号	题目	得分
5	根据2015年修改后的《立法法》规定，曲靖市人大、人大常委会具有地方性法规的制定权，曲靖市政府具有地方性规章的制定权。您认为我市最近两年的地方性法规、地方性规章制定的情况怎么样？	62.1
6	您对我市政府机关在进行决策时是否依法按程序决策和是否科学决策的评价怎样？	42
7	根据您办事的经验，您对我市政府机关依法办事的情况满意吗？	40.35
12	您认为我市法官在案件审理中在保障公平公正方面做得如何？	49.8
13	如果您家庭困难需要打官司，自己无钱请律师，可以申请法律援助，您觉得我市在这方面做得怎么样？	51.35
14	对于犯罪份子，应该严厉打击，您觉得我市在着方面做得怎么样？	37.95
15	您认为我市公民在遵纪守法方面的情况怎么样？	52.65
16	您认为本地劳动者合法权益（职工养老、医疗、工伤、生育、失业等保险落实情况和职工工资发放情况）落实得怎样？	45.45

从上表可以看出，曲靖市国家工作人员对于"地方立法情况""政府机关依法决策、依法办事""司法公正""法律援助""打击犯罪""市民遵纪守法""劳动者合法权益"保障的状况不满意，涵盖了"地方立法""依法行政""公正司法""全民守法""社会治理法治化"5个一级指标。

项目组调查的平均得分为56.1，得分最高的第10题"政府机关工作人员在给您提供服务时的表现怎么样？"也仅为72.95分，其余19道题目的得分均低于本次评估的总得分，涵盖了所有一级指标；其中未达到及格分的题目高达15道，分布于5个一级指标之中。具体参见表9－12。

表9－12　一级指标不及格题目分布表

一级指标	依法执政				科学立法	依法行政				
题号	1	2	3	4	5	6	7	8	9	11
得分	46.88	57.76	58.13	54.03	55.17	52.16	55.28	57.05	51.48	55.51

续　表

一级指标	依法执政		科学立法	依法行政			
一级指标	公正司法	全民守法	社会治理法治化			法治建设综合满意度	
题号	12	13	15	16	17	19	20
得分	44.26	47.5	及格	55.74	51.59	54.38	及格

从上表可以看出，曲靖市村民、市民对于曲靖市法制建设的满意度处于较低的水平，而且不满意的范围涵盖了所有一级指标（第15题得分为67.84分，第10题得分为60.28分，也处于较低水平）。

第四节　完善的建议

1. 抓住"领导干部"这一关键少数

一是健全领导干部常态化学法用法制度。有计划的组织专题法治讲座、集体学习、典型案例讨论、短期培训，促进领导干部学法经常化。

二是强化对领导干部学法用法的监督。有效发挥人大、政协以及上级机关的监督职能，组织人大代表、政协委员对领导干部学法用法情况进行检查，上级机关对下级机关的学法用法情况进行检查；加强社会监督，公布领导干部学法用法情况，激发公众参与监督的热情。

三是严格对领导干部学法用法情况进行考核。优化和细化考核标准，增强考核评价的刚性和可操作性，对领导干部的违法滥权行为真惩处、真治理，让他们权衡得失，放弃侥幸心理。

四是优化领导干部学法用法的内容。领导干部学法用法应该突出重点，主要是宪法、社会主义法治理念、廉洁从政的法律法规和党纪条规、与本职工作密切相关的法律法规等。

2. 抓好重点领域工作

一是要明确界定公权力边界，把权力关进制度的笼子。要培养公众"公权力必须受到限制的意识"，需要国家机关要开展刀刃向内的自我革命，明确界定立法、执法、司法中的公权力边界，把权力清单进行公布，晾晒在阳光之下，让人民群众能够清楚了解，才能逐渐让人民群众形成对公权力的正确认识。曲靖市仍然需要在推进"简政放权"改革、"权责清单"公布方面加大力度，使公众进一步深入认识国家机关权力的边界，并最终实现把"权力关进制度的笼子"。

二是用程序遏制权力任性。要让公众进一步认识到"程序公正"的重要价值，就必须让公众明白只有程序才能有效遏制权力任性的道理。在行政决策中，政府要以身作则，严格按照中共中央、国务院《法治政府建设实施纲要 (2015 – 2020 年)》的要求履行决策程序；❶在司法中，要严格履行各项司法流程以及"疑罪从无""非法证据排除"等程序性制度，杜绝污染司法源头的情形出现，让公众不断感受到程序公正的重要性。

三是注重培育权利观念。一方面，在公民普法中应该以树立维权意识为重点，让公众正确认识到自己的主体地位，自己享有的人身自由等基本权利以及法律法规规定的其他权利；另一方面，国家机关要不断强化服务职能，让公众在每一个环节都感受到自己被尊重，自己的权利得到完整的行使，不断提高和固化权利意识。

四是进一步健全依法解决纠纷的机制。要让公众树立依法解决纠纷的意识，首先要杜绝"大闹大解决、小闹小解决、不闹不解决"现象，让公众认识到"闹"是无法解决问题的；其次，要健全依法解决纠纷的机制，让公众遇到纠纷时有说理的地方和机会；再次，要不断提高公正司法的水平，树立公众对法治的信心，自觉成为社会主义法治的遵守者。

五是尽快建立完善个人信用制度。诚信缺失的主要原因在于制度、尤其是惩戒机制的缺失；健全完善包括个人信息采集的界限、信用评级的要求、失信的具体范围、失信记录的修复和消除、失信人惩戒等机制在内的个人信用制度，可以提高个人失信的成本，让公众轻易不敢逾矩，逐步提

---

❶ 《法治政府建设实施纲要 (2015-2020 年)》细化了 6 项具体要求：一是各级行政机关要完善依法决策机制，规范决策流程；二是要增强公众参与实效；三是提高专家论证和风险评估质量；四是加强合法性审查；五是坚持集体讨论决定；六是严格决策责任追究，健全并严格实施重大行政决策终身责任追究制度及责任倒查机制。

高全社会的诚信水平。

3. 以浸润式体验式法治活动提升法治意识、强化法治素养

公众法治意识的高低，既受公民自身成长经历、学识水平的内在影响，也受大到整个国家、小到某个地区法治环境的外在影响。提高公民的法治意识和素养绝不是简单增加法律知识（信息）就能一蹴而就的问题，而是从法治认知、到认同、再到自觉践行，让法律成为指引本人行为、评价他人行为的标尺，这样一个不断由外及内逐步深化的系统工程。调动曲靖既有的法治力量（政府、司法部门、高校、社会等），积极争取省内、国内的优秀法治资源，开展"1+1+3+N"（1 个重大 +1 个典型 +3 个进入 +N 种可能）的浸润、参与式体验法治活动，是提升公民法律意识、素养的有效路径 ❶。

一是通过重大法治活动强化法治信心。重大法治活动是指对曲靖的整体发展、对公民生活有重大影响的法治活动或法治事务，如地方立法、党委重大决策、政府重大决策活动等。让市民通过参加这些对地方发展和公众生活有重大影响的活动，增强其在法治曲靖建设中的参与感和主人翁意识。具体而言，就是在地方立法活动中开展有民众参与的立法协商，在党委的重大决策活动中开展有普通市民参与的听证，在政府的重大决策中增加市民参与的环节。确保重大法治活动在每年都能有效开展，普通市民能够通过自愿报名通过较为便捷的渠道参与其中。

二是着重打造典型法治活动的名片效应。近年来，曲靖法治建设过程中已经形成了一些高质量的典型活动，例如每年结合 12 月 4 日宪法日所举办的宪法知识竞赛等。这些典型法治活动的开展不仅能够较快地起到法治宣传的作用，而且能够产生较好地法治体验。因此，进一步探索典型法治活动的形式和内容，着重对 1 至 2 个典型法治活动的品牌进行打造，让更多的市民参与其中，进而形成法治曲靖建设的良好氛围。典型法治活动的开展应当依托曲靖的整体资源，即这种活动强调的不是开展的次数（数量），而是注重质量。可由市委依法治市办组织或市司法局牵头组织，在每年的

---

❶ 在互联网媒体时代，公众通过电视、报纸、期刊、网络、微信、微博等多种渠道能够快捷、方便地获得法律或法治信息、资源，故而曲靖的法治活动应当体现自己的特点、优势和不可取代性，即致力于突出地方性问题意识、强化现场感受、力推面对面交流等活动形式。

上半年和下半年（宪法日）各举办 1 次。在形式上可以开展宪法知识竞赛，也可以开展法治大讲坛（邀请全国知名的法学家、法官、律师、其他法务工作人员）等。典型活动不仅要注意公众的普遍参与机会的保障，而且强调持续性，力争建成具有较大影响力的品牌，能够在推进曲靖法治建设中产生名片效应。

三是推进高质量法治讲座进单位。部门、单位、企业、社会组织每年有计划地开展法治讲座，邀请法学专家、法官、律师或其他从事法务工作的人员到单位开讲座（可充分结合部门、单位、企事业、组织的工作特点和需求开展有针对性的活动❶），让普通工作人员有机会接触到高质量的法律讲座，通过耳朵的聆听，强化法治认知，增强法治认同。以提高国家工作人员、企事业单位工作人员、企业员工、组织成员的法治意识和素养。

四是丰富社区专题法治活动。专题法治活动是指结合特定时期、特定社区（如街道、社区）、特定群体（如妇女、儿童、老年人）市民的需要开展的法治活动。例如，结合市民关注、关心的物业问题、消费者权益保护问题、不动产产权归属等问题开展主题法律知识宣传，结合新进立法动态（如《民法总则》）开展法律讲座，结合审判资源开展阳光司法（巡回审判），结合特殊群体开展法律援助活动等。

五是开展校园趣味法治活动。在中小学、职业技术学校、地方高校开展形式丰富、趣味性强的法治活动，通过生动、形象的法律活动，让学生在参与活动的过程中体验法律、收获知识、提升素养。趣味性法治活动的开展应当充分地结合曲靖本地资源（如曲靖师范学院的法学教育资源）开展。趣味法治活动的具体类型包括模拟审判、法庭辩论、法律情景剧表演、法律讲座、法律调查等形式。

综上所述，"1+1+3+N" 的内涵是 "1 个重大、1 个典型、3 个进入和 N 个可能（结合特定阶段、特定地区、特定行业、特定单位开展其他灵活多样有效的法治活动）" 的结合，是一个综合性提升公民法律意识和素养的运行

---

❶ 例如在中小学开展对侵犯学生权益相关问题专题法律讲座，在企业开展以《劳动合同法》为主题的法律活动等。

模式。其中，"1+1+3" 强调活动、资源的反复获得问题，即通过活动的反复、多次开展，确保资源的重复获得，营造法治曲靖的氛围，使参与其中的单位人员、市民有机会体验法治、感知法治，增强法治曲靖建设的主人翁意识。其中的 "N" 强调的是灵活性，即不强调重复、反复获得的问题，而是要求因地制宜、灵活、有效，鼓励创新，这种法治活动的资源、形式、途径、内容均呈现出开放的姿态。

4. 以有效的沟通、参与提升公众的法治满意度

公众对法治曲靖建设的满意度是关涉主、客观两个方面的问题，即满意与否本身是一种主观感受（理解、认同、共识），但这种主观感受又建立在客观法治建设能否取得实质性进展的基础上。基于法治建设的整体、长远目标，提升公众对法治曲靖的满意度绝非做好某一方面的具体工作就可以实现的，而是要坚持按照《曲靖市 2016 - 2020 年依法治市规划》要求，结合本次评估的具体情况，找出问题和不足，全面推进法治曲靖建设。从现状来看，针对公众在法治曲靖建设中的有效参与问题进行重点突破，能够在短期内起到提升法治满意度的作用。党委、政府进一步畅通公众参与法治曲靖建设的渠道，保障公众在法治曲靖建设中的充分参与、充分表达、充分监督的权益，以积极、主动、开放的姿态提高公众对法治曲靖建设的参与热情，获得公众对法治曲靖建设的理解、认同，进而达成共识。

一是以全面、及时、有效的信息公开 ❶提升法治公信力。信息公开是规范权力运行的重要机制，有效的信息公开能够巩固社会公众的主体地位，促进党委、政府与公众的双向理解、有效合作关系的建立。曲靖市委、政府的信息公开制度、机制已基本健全，但制度、机制的落实与相关要求尚有差距。积极探索信息公开的方式、内容和标准，落实公众对权力运行的监督，能够彰显权力运行的廉洁度，提升公众对法治曲靖的信任。其一，拓展信息公开的内容范围，增加对市委、政府的规范性文件公开力度，增加对政务办事程序、办事结果的透明度。其二，深化信息公开程度，让市民有有更多机会、渠道获取信息、听取信息、认知信息。其三，着力改善

---

❶ 主要是指党委和政府的信息公开。

信息公开的及时性、显著性问题，彰显信息公开的有效性。通过人员的合理调配、技术革新、服务外包等方式，探索多元化的信息公开，做到及时公开，解决重要信息公开的显著性和易获得问题。

二是完善充分参与、充分表达、及时回应的渠道和机制。公众能否对法治曲靖的建设充分参与，能否充分地表达利益，诉求能否得到及时、有效地回应，是彰显公众作为法治曲靖实践主体、形成法治曲靖主人翁意识之关键。其一，进一步畅通渠道、完善机制，结合公示、调查、座谈、听证等方式，运用面对面沟通、借助中间媒介（纸媒、新媒体）等技术性辅助参与的间接沟通形式，切实拓展公众在法治曲靖建设中的参与、表达渠道（便捷、可获得、易操作），并通过卓有成效的机制建构巩固建设成效。其二，及时回应公众的利益诉求。公众参与不能停留在参与、表达的形式层面（革除走过场的形式主义），而是要让这些参与、表达得到及时回应，并在具体政策的决策、问题的解决中发挥作用。通过完善机制、规范程序、固定形式等方面的工作及时落实并反馈公众的利益诉求。

三是重点落实公众在重大决策中的有效参与，彰显决策公平。党委、政府的重大决策是关乎公众利益的重大决定，是公众最关心的问题。公众能够在党委、政府的重大决策过程中有效参与，既是保障公众利益诉求的重要举措，也是公众对重大决策行为进行有效监督的途径，其要旨是以协商回应需求、以监督提升质量。曲靖市委、市公众政府已经通过规范性文件❶建立了重大决策机制，但这些规范性文件的落实有待加强。其一，在确定重大决策项目时向社会公开征求意见。明确公开征求意见的主体（决策起草单位）、方式、期限、反馈形式等内容。及时公开决策的内容、出台决策背景、决策拟解决的问题，分析政策可能对部分群体利益带来的影响以及减少或消除这些影响拟采取的措施。其二，开展重大决策听证。在听证会召开前通过有效途径向社会公布听证所涉及的决策方案及相关信息（时间、地点、事项），确定听证代表的公开遴选方式（遴选标准、选任方式、产生

---

❶ 《中共曲靖市委重大事项决策咨询制度（试行）》《中共曲靖市委重大事项决策听证制度（试行）》《曲靖市公众政府重大行政决策程序规定》。

过程、具体名单、职业身份等），在听证会结束后及时回应听证代表的意见和建议。其三，完善专家参与重大决策的咨询、论证制度。专家参与重大决策活动作为公众参与中的特殊形式已经得到普遍认可。进一步完善专家参与重大决策的咨询、论证的具体形式，如采取专家论证会议、个人分别论证、专家小组论证和其他适合的形式；规范专家参与重大决策的权利、义务和程序等具体内容。

附件一：法治建设满意度调查问卷

首先，谢谢您接受我们的调查，您的选择将为我们的研究提供宝贵资料。有关情况我们将为您保密。

其次，请将您的真实看法选择后打上"√"，每题只选一项，如果您有其它意见，可写在空白处。

请先将您的基本情况作相应选择：

性别：A．男　B．女

年龄：A．20～30　B．30～40　C．40～50
　　　D．50～60　E.60以上

文化程度：A．小学　B．初中　C．高中　D．大专及以上

1.您对我市党委在进行决策时是否依法进行以及是否科学的评价是什么？

A.非常好　B.好　C.一般　D.不好　E.非常不好　F.不了解

2.您觉得我市人大、政协在自身职能和作用发挥方面做得怎么样？

A.非常好　B.好　C.一般　D.不好　E.非常不好　F.不了解

3.您认为我市反腐败工作的成效怎么样？

A.非常好　B.好　C.一般　D.不好　E.非常不好　F.不了解

4.您觉得贵单位领导干部（或者您所在的社区、村委会）的法治意识、法治思维状况怎么样？

A.非常好　B.好　C.一般　D.不好　E.非常不好　F.不了解

5.根据2015年修改后的《立法法》规定，曲靖市人大、人大常委会具有地方性法规的制定权，曲靖市政府具有地方性规章的制定权。您认为我市最近两年的地方性法规、地方性规章制定的情况怎么样？

A.非常好　B.好　C.一般　D.不好　E.非常不好　F.不了解

6. 您对我市政府机关在进行决策时是否依法按程序决策和是否科学决策的评价怎样？

A. 非常好　B. 好　C. 一般　D. 不好　E. 非常不好　F. 不了解

7. 根据您办事的经验，您对我市政府机关依法办事的情况满意吗？

A. 非常满意　B. 满意　C. 基本满意　D. 不满意

E. 非常不满意　F. 不了解

8. 您觉得本地政府及部门及时公开涉及群众切身利益和普遍关心的事项是否满意？

A. 非常满意　B. 满意　C. 基本满意　D. 不满意

E. 非常不满意　F. 不了解

9. 市政府机关应该明确自己的权力和责任，并将权力清单、责任清单向社会公布，您觉得我市政府机关在这方面做得如何？

A. 非常好　B. 好　C. 一般　D. 不好　E. 非常不好　F. 不了解

10. 政府机关工作人员在给您提供服务时的表现怎么样？

A. 非常好　B. 好　C. 一般　D. 不好　E. 非常不好　F. 不了解

11. 行政机关在执法时不能采用打骂等方式，也不能随便搜查、扣押人民群众的财产。据您所知，本地区的行政执法过程中这方面的表现如何？

A. 非常好　B. 好　C. 一般　D. 不好　E. 非常不好　F. 不了解

12. 您认为我市法官在案件审理中在保障公平公正方面做得如何？

A. 非常好　B. 好　C. 一般　D. 不好　E. 非常不好　F. 不了解

13. 如果您家庭困难需要打官司，自己无钱请律师，可以申请法律援助，您觉得我市在这方面做得怎么样？

A. 非常好　B. 好　C. 一般　D. 不好　E. 非常不好　F. 不了解

14. 对于犯罪份子，应该严厉打击，您觉得我市在着方面做得怎么样？

A. 非常好　B. 好　C. 一般　D. 不好　E. 非常不好　F. 不了解

15. 您认为我市公民在遵纪守法方面的情况怎么样？

A. 非常好　B. 好　C. 一般　D. 不好　E. 非常不好　F. 不了解

16. 您认为本地劳动者合法权益（职工养老、医疗、工伤、生育、失业等保险落实情况和职工工资发放情况）落实得怎样？

A. 非常好　B. 好　C. 一般　D. 不好　E. 非常不好　F. 不了解

17. 您对本市的外来务工经商人员应当享有与本地居民同样权利的落实情况怎么评价？

A. 非常好　B. 好　C. 一般　D. 不好　E. 非常不好　F. 不了解

18. 您对本地未成年人、残疾人、妇女同胞和老年人的权益保护的总体评价如何？

A. 非常满意　B. 满意　C. 基本满意　D. 不满意　E. 非常不满意　F. 不了解

19. 村（居）委会主任等成员的选举应该依法进行，您对所在地区的选举满意吗？

A. 非常满意　B. 满意　C. 基本满意　D. 不满意　E. 非常不满意　F. 不了解

20. 总体上看，您对我市法治建设的综合满意程度是什么？

A. 非常满意　B. 满意　C. 基本满意　D. 不满意　E. 非常不满意　F. 不了解

您对曲靖的法治建设有什么意见和建议？（请写在下面空白处）

附件二：公民法治意识调查问卷

首先，谢谢您接受我们的调查，您的选择将为我们的研究提供宝贵资料。有关情况我们将为您保密。

其次，请将您的真实看法选择后打上"√"，每题只选一项，如果您有其它意见，可写在空白处。

请先将您的基本情况作相应选择：

性别：A. 男　B. 女

年龄：A.20 ~ 30　B.30 ~ 40　C.40 ~ 50　D.50 ~ 60　E.60 以上

文化程度：A. 小学　B. 初中　C. 高中　D. 大专及以上

1. 您认为法律在我们老百姓日常生活中的作用如何？

A. 非常重要　B. 重要　C. 一般　D. 不重要　E. 非常不重要

F. 不清楚

2. 对普通老百姓来说，如果法律没有禁止我们去做的事情，就是我们可以做的事情，您同意吗？

A. 非常同意　B. 同意　C. 中立　D. 不太同意　E. 坚决不同意

F. 不清楚

3. 评价官员最主要的标准是能干事情、干大事情，因此只要是能够为大多数老百姓带来好处的事情，可以不考虑法律的程序规定，您同意吗？

A. 非常同意　B. 同意　C. 中立　D. 不太同意　E. 坚决不同意

F. 不清楚

4. 有人认为权大于法，因为法律是有权力的人制定的，您同意吗？

A. 非常同意　B. 同意　C. 中立　D. 不太同意　E. 坚决不同意

F. 不清楚

5. 您觉得人民群众的信访、举报、投诉对督促政府依法行使权力能起到什么样的作用?

A. 非常强　B. 较强　C. 一般　D. 较弱　E. 非常弱　F. 不清楚

6. 在打官司时,原告和被告是平等的,都应该得到法律的保护,您同意吗?

A. 非常同意　B. 同意　C. 中立　D. 不太同意　E. 坚决不同意
F. 不清楚

7. 按照法律规定来解决纠纷是最佳方式,您同意吗?

A. 非常同意　B. 同意　C. 中立　D. 不太同意　E. 坚决不同意
F. 不清楚

8. 上访是解决纠纷的最佳方式吗,您同意吗?

A. 非常同意　B. 同意　C. 中立　D. 不太同意　E. 坚决不同意
F. 不清楚

9. 当觉得法院的判决不公平的时候,有人建议应该想办法给法院施加压力,您同意吗?

A. 非常同意　B. 同意　C. 中立　D. 不太同意　E. 坚决不同意
F. 不清楚

10. 有人觉得红灯是限制车辆的,不是限制行人的,您同意吗?

A. 非常同意　B. 同意　C. 中立　D. 不太同意　E. 坚决不同意
F. 不清楚

11. 当遇到冤屈的时候,有人认为找清官比找法院更重要,您同意吗?

A. 非常同意　B. 同意　C. 中立　D. 不太同意　E. 坚决不同意
F. 不清楚

12. 某甲被乙打伤以后,他邀约亲戚朋友找到某乙,要求某乙拿出 10 万元人民币私了,否则就要将某乙打成和自己一样,某乙答应了要求,您同意某甲的做法吗?

A. 非常同意　B. 同意　C. 中立　D. 不太同意　E. 坚决不同意
F. 不清楚

13. 如果在商店买到了一件质量低劣的商品，有人说应该坚决举报，您同意吗？

A. 非常同意　B. 同意　C. 中立　D. 不太同意　E. 坚决不同意
F. 不清楚

14. 有人说，既然答应了别人的事情，就应该做完，不能随便反悔，您同意吗？

A. 非常同意　B. 同意　C. 中立　D. 不太同意　E. 坚决不同意
F. 不清楚

15. 有人说，购物后应该主动索要发票，您同意吗？

A. 非常同意　B. 同意　C. 中立　D. 不太同意　E. 坚决不同意
F. 不清楚

16. 有人说，犯了罪的人也应该得到保护，也有权利为自己进行辩护，您同意吗？

A. 非常同意　B. 同意　C. 中立　D. 不太同意　E. 坚决不同意
F. 不清楚

您怎么评价法律对于普通老百姓的作用？（请写在下面空白处）